MAURICE SCÈVE

ET LA

RENAISSANCE LYONNAISE

ÉTUDE D'HISTOIRE LITTÉRAIRE

THÈSE

PRÉSENTÉE À LA

FACULTÉ DE PHILOSOPHIE DE ZURICH

POUR

L'OBTENTION DU GRADE DE DOCTEUR

PAR

ALBERT BAUR

DE ZURICH

THÈSE ACCEPTÉE PAR LA FACULTÉ
SUR LA PROPOSITION DE MM. E. BOVET ET J. ULRICH

PARIS
HONORÉ CHAMPION
5, QUAI MALAQUAIS
1906

MAURICE SCÈVE

ET LA

RENAISSANCE LYONNAISE

ÉTUDE D'HISTOIRE LITTÉRAIRE

THÈSE

PRÉSENTÉE À LA

FACULTÉ DE PHILOSOPHIE DE ZURICH

POUR

L'OBTENTION DU GRADE DE DOCTEUR

PAR

ALBERT BAUR

DE ZURICH

THÈSE ACCEPTÉE PAR LA FACULTÉ
SUR LA PROPOSITION DE MM. E. BOVET ET J. ULRICH

PARIS
HONORÉ CHAMPION
5, QUAI MALAQUAIS
1906

A. M. ERNEST BOVET

son élève reconnaissant

ALBERT BAUR

AVERTISSEMENT.

C'est mon cher maître *M. Henri Morf*, qui m'a donné le goût, je puis même dire l'enthousiasme de la Renaissance, en particulier de la Renaissance française. Après son départ de l'Université de Zurich, son successeur, *M. Ernest Bovet,* m'a parlé de plusieurs sujets de thèse, et, sans hésiter, je me suis lancé dans l'étude de la Renaissance lyonnaise et de l'influence qu'elle a exercée sur la poésie lyrique, surtout par son représentant le plus en vue, Maurice Scève.

Un séjour de quelques mois à Paris m'a permis d'utiliser pour mon travail les trésors de la Bibliothèque Nationale. J'ai suivi alors les cours de *M. Abel Lefranc* à l'Ecole des Hautes Etudes et j'ai profité énormément et de son enseignement et de ses conseils. Puisse ce travail faire honneur à la méthode de ce maître auquel je dois tant.

Deux séjours de vacances passés à Lyon m'ont donné l'occasion de recueillir des renseignements et des documents relatifs à l'histoire de M. Scève. *MM. Aimé Vingtrinier* et *Félix Desvernay*, de la Bibliothèque de la Ville, *MM. Georges Guigue* et *Joseph Buche* ont acquis des droits à ma reconnaissance par des conseils qui ont souvent dirigé mes recherches. Les observations de *M. E. Bovet* m'ont permis d'améliorer beaucoup de passages de cette étude et d'en corriger des fautes qui auraient, sans doute, amoindri sa valeur.

Cet ouvrage s'adressant en première ligne à des Français, j'ai préféré le rédiger en français, bien que ce ne soit pas ma langue maternelle. Je crains que de nombreuses duretés de style ne blessent l'oreille de mes lecteurs, et je les prie de ne pas y attacher une importance exagérée.

Cette étude ne représente qu'une partie de mes recherches sur Maurice Scève: c'est une image de la vie du poète dont le fond est une esquisse du développement de la Renaissance lyonnaise. Un volume qui suivra sous peu : *Les Œuvres poétiques de Maurice Scève,* aura pour sujet l'analyse de la *Délie,* de la *Saulsaye* et du *Microcosme,* avec des recherches sur les influences que ces ouvrages ont subies et exercées. J'espère qu'il contribuera à éclaircir quelques points obscurs de l'histoire de la poésie lyrique en France, et en particulier de l'évolution de la poésie marotique à la poésie de la Pléiade.

Je profite de l'occasion pour remercier tous ceux qui m'ont aidé de leurs conseils dans la recherche de mes documents ou de toute autre manière, ainsi que MM. *Ernest Bovet* et *Charles Reymond* qui ont pris la peine de corriger les épreuves.

Zurich, le 10 octobre 1906.

ALBERT BAUR.

CHAPITRE PREMIER

LES DÉBUTS DE LA RENAISSANCE
A LYON

Quiconque se promène aujourd'hui dans les quartiers de Lyon situés entre la montagne de Fourvière et la Saône — les seuls du seizième siècle qui subsistent encore, et d'ailleurs menacés par l'esprit moderne — est frappé par la singulière architecture de ces rues plus larges et plus régulières que celles d'autres villes de France qui ont gardé le caractère de ce temps. A côté d'édifices de la dernière période gothique, on trouve des maisons qui dénotent une nouvelle manière de penser et de vivre. Ailleurs en France, on rencontre des maisons bourgeoises qu'on dit construites dans le style de la Renaissance, mais auxquelles on a simplement ajusté des ornements „à la mode italienne“; les maisons lyonnaises au contraire marquent un progrès de l'architecture par le plan même et par la disposition du bâtiment. Les façades en sont régulières, l'entrée large, hospitalière; les escaliers sont larges et commodes, les appartements hauts et grands, presque comme dans les palais florentins.

Mais ce qui donne surtout à ces maisons leur caractère Renaissance, ce sont les vastes fenêtres qui éclairent les appartements. Elles rappellent une race qui avait un grand besoin d'air, de lumière et de liberté, une race pour qui la Renaissance n'était pas une simple mode, mais une affaire de cœur et d'esprit.

Comment cette société s'est-elle formée? Comment a-t-elle passé des ténèbres du moyen-âge à la nouvelle lumière, à cette Renaissance lyonnaise qui a été plus rapide et plus complète que celle d'aucune autre ville ou province de France?

*　　*　　*

Pendant les troubles du moyen-âge, le territoire de Lyon avait été partagé entre l'empire et la France, et la ville fut gouvernée par son archevêque. Toutefois Lyon avait réussi à se délivrer peu à peu du joug ecclésiastique et à se mettre sous la protection des rois de France qui lui laissèrent toute liberté dans son administration et qui accordèrent à ses bourgeois presque tout ce qu'ils demandaient. Car la ville était riche et constituait une forteresse puissante contre tout ennemi de l'est et du sud du royaume.

Le commerce ne rencontrait que peu d'obstacles et le marché de Lyon qui était déjà au moyen-âge un des plus grands de la France, allait devenir un des premiers de l'Europe, le premier peut-être après Venise. Située aux frontières de la France, du Dauphiné et de la Savoie, sur deux fleuves navigables qui la mettaient en communication directe avec la Bourgogne, la Suisse et la Provence, elle était en même temps la porte principale du commerce italien avec le nord de la France, les Pays-Bas et une partie considérable de l'Allemagne[1]. Les rois, dès le commencement du quinzième siècle, autorisèrent donc la ville à avoir deux, plus tard même quatre foires franches par an, chacune de la durée de quinze jours. Les commerçants les plus actifs de l'Europe s'y réunissaient pour contracter leurs affaires; les productions les plus diverses de tous les pays y étaient échangées.[1] De petits artisans qu'ils avaient été autrefois, les Lyonnais se transformaient en commerçants aux vues larges et aux entreprises hardies.

Les financiers les plus habiles et les plus influents que l'Europe connût à cette époque, les Florentins, s'aperçurent bientôt qu'un tel centre commercial était le terrain le plus favorable à leurs entreprises. Nous trouvons dès le milieu du quinzième siècle quelques succursales des grandes maisons de banque florentines à Lyon, les Médicis, les Strozzi, les Capponi, les Gondi, les Guadagni, les Arnolfini et autres qu'il serait inutile de nommer; en-

[1] Laissons parler quelques chiffres sur l'importance du commerce lyonnais au XVIe siècle. *Nicolas de Nicolay,* géographe du roi, fut chargé par Catherine de Medicis, vers 1560, de faire une description générale du royaume. Il n'y a qu'une partie de ce projet qui ait été réalisée : c'est la description de Lyon *(Description générale de la ville de Lyon et des anciennes Provinces du Lyonnais et du Beaujolais p. p. la société de Topographie historique de Lyon.* Lyon 1882). L'auteur qui esquisse dans ce livre déjà le système mercantile de Colbert, y mentionne les chiffres suivants concernant l'importation annuelle de marchandises étrangères : *Pays du nord :* Toiles de Saint Gall, chevaux d'Allemagne, de Hongrie, de Danemark, martres subelines et autres fourrures précieuses, satin de Bruges : 560,000 livres. Tapisseries de haute lisse d'or et de soye : 900,000 livres. Grande quantité de drogues d'Anvers : 400,000 livres, — pierres précieuses et parfums : 500,000 livres. Poissons salés de l'étranger : 100,000 livres, — fromages de Hollande 12,000 livres. *Angleterre :* Or, étain, plomb : 2—300,000 livres, — laine et draps fins 200,000 livres. *Portugal :* Epiceries, pierreries, perles et parfums : 700,000 livres, — fruits et vins 1,800,000 livres. *Espagne :* Soi grège : 2,000,000 livres, or et argent : 300,000 livres, armes : 5000 livres. Objets de luxe : 200,000 livres. *Italies (sic) Levant et Barbarie :* Draps d'or et d'argent, soies, rubans, boutons *et aultres ouvrages de toute sorte et façons, fort exquis et de hault pris :* armes *et mil aultres petites denrées exquises de grand coust et peu de prouffit : 13 à 14,000,000 livres.* — *Pouille et Calabre :* pour plus de 400,000 livres d'épiceries et drogueries, pierres, plumes d'autruche et autres objets de luxe, *estamets* fins de Venise, Milan et Florence 5 à 600,000 livres. Vaisselle de porcelaine, marbre, albâtre, émail, verres et autres ouvrage de cristallins, cordouan et maroquins, raisins de Corinthe, azur d'outre mer, faucons, etc. etc. : 5—600,000 livres.

viron soixante familles italiennes sont mentionnées dans les documents lyonnais de ce temps; la plupart sont connues pour leur richesse, leurs relations puissantes, leur amour des lettres et des beaux-arts.[1]

Leur influence sur le commerce lyonnais s'accentuait de plus en plus; ils savaient se rendre indispensables. Lorsque Charles VIII eut chassé hors de France, dans un moment de colère, les employés de la banque de Médicis, les commerçants de Lyon furent dans la plus grande consternation. Ils craignaient de perdre leurs relations avec les Italiens qui étaient les plus lucratives qu'ils eussent, et l'avantage des banques qui se chargeaient de leurs opérations financières.

La colonie italienne allait cependant toujours grandissant. Elle avait son propre consul et jouissait de plusieurs libertés politiques. Les Florentins attiraient des Lucquois et des Piémontais, les banquiers des marchands et des industriels.[2] De cette manière, les industries italiennes s'introduisirent à Lyon, surtout l'orfèvrerie, la lutherie et tout particulièrement la fabrication de soieries qui est restée la source principale de la richesse lyonnaise jusqu'à ce jour. Des artistes italiens passaient par Lyon[3] ou allaient même s'y domicilier; par exemple le médailleur Niccolo Spinello de Florence qui frappa en 1490, à l'occasion du séjour de Charles VIII et d'Anne de Bretagne, une médaille de commémoration, la première en France.[4] Les Florentins avaient leur chapelle dans l'église des Dominicains; ils l'ornaient avec cet art exquis qu'ils avaient apporté de leur patrie; on y admirait un tableau de Salviati, représentant l'Incrédulité de Saint-Thomas.

Les guerres d'Italie ne purent pas arrêter la marche rapide de Lyon vers la richesse et une civilisation plus raffinée, tout au contraire. Pendant que toute la France souffrait terriblement de ces guerres qui éloignaient d'elle, et des travaux de la paix, tant de forces humaines et tant de moyens de subsistance, pendant que des familles nobles, des villes et des provinces s'appauvrissaient, la grande ville commerçante sur le Rhône savait tirer des avantages considérables de la guerre même. Charles VIII fit de Lyon,

---

[1] cf. *Charpin-Fengerolles*. Les Italiens à Lyon. Lyon 1894. — *Picot*, Emile: Les Italiens en France. Annales de la faculté de lettres de Bordeaux. Bulletin italien. année XXXIII.

[2] *Tommaseo*. Récits des ambassadeurs vénitiens. vol. I, p. 36: Andrea Novagero écrit que plus de la moitié des habitants de Lyon étaient des étrangers et la plus grande partie de ceux-là des Italiens.

[3] Giuliano de San Gallo fut chargé par le cardinal Giuliano della Rovere d'apporter à Charles VIII, quand celui-ci était à Lyon, un modèle en bois richement ornementé d'un palais de Savona. — *Burckhardt*, Jakob. Geschichte der Renaissance in Italien. 4e éd. Stuttgart 1904, p. 117.

[4] *Rondot*, Natalis. La médaille d'Anne de Bretagne. Lyon 1885.

dès le temps où il préparait sa première expédition d'Italie, la base de ses opérations. Aucune autre ville n'était plus apte à remplir cette fonction. C'est là que se croisaient les routes qui devaient amener les différentes parties de son armée : les chevaliers français et les contingents de ses villes, les lansquenets allemands, les fantassins suisses; le commerce lyonnais pouvait très bien se charger des fournitures de l'armée; enfin il n'y avait dans aucune ville de la France autant d'hommes capables de donner des renseignements sur l'Italie; les premiers d'entre eux étaient les banquiers florentins dont la patrie resta presque toujours l'amie et l'alliée des rois de France.

Ces expéditions étaient donc pour Lyon une nouvelle source de richesse et d'animation intellectuelle et sociale à la fois. La cour séjournait très souvent, presque toujours pendant la guerre, dans la ville, ce qui fit pour longtemps de Lyon la vraie capitale de la France. Il y eut à cette époque une certaine émulation, une jalousie même entre les Lyonnais et les Parisiens, qui considéraient d'un œil jaloux le transfert de la cour à Lyon, et les hommages qu'on rendait à ses femmes dans les somptueux tournois et les riches banquets.[1] Les courtisans et les dames que la cour avait amenés à Lyon, y restaient volontiers, et il semble que la ville devint souvent une espece de Capoue pour les armées françaises. Les chevaliers allaient y dépenser, dans l'espoir de faire un riche butin, l'argent qu'ils avaient apporté de chez eux; et, au retour de leurs campagnes, une partie de ce butin même passait dans les mains des Lyonnais.

Pour bien divertir la cour et la noblesse, on fit tout ce qu'on put; les chansons populaires ne se lassent pas de parler de la gaité et de la bonne chère lyonnaises. La ville étalait sa richesse et sa liberalité dans ces entrées solennelles dont nous parlerons

[1] *1. La réformation sur les dames de Paris faite par les Lyonnaises, et responce et réplique des dames de Paris contre celles de Lyon. 2. La rescription des femmes de Paris aux femmes de Lyon, et reponse faite par les dames de Lyon sur la rescription des Parisiennes.* cf. Revue des Lyonnais. 1864, 2e s. XXVIII. 558, et XXIX, 81. — Puisque les deux poésies sont d'un caractère très calomnieux, on ne peut pas bien ajouter foi au tableau de la démoralisation des femmes lyonnaises qui sont accusées d'assimilier par leur coquetterie les églises aux maisons où se vend l'amour, et de vendre la beauté de leurs filles. Mais voici quelques vers très caractéristiques de la réponse des Lyonnaises :

Laissons prêcher Carmes, Frères Mineurs
Et Mendiants. — Ce n'est à vous à faire.
Un chacun doit penser à son affaire...
Rire, chanter, dancer et caqueter
Désirons fort, nous autres de Lyon —
— Se aux amans nos cœurs humilion,
Vous ne deussiez en prendre ennuy, mais aise,
Un jour plaisant en vaut cent de mésaise.

dans un chapitre suivant;[1] elle égayait ses hôtes par des représentations théâtrales très nombreuses. Le vieil idéal de galanterie moyen-âgeuse personnifié par le chevalier sans peur et sans reproche était ressuscité par la lecture de romans de chevalerie ; on faisait donc *plus fréquemment des joûtes, tournois, combats à la barrière et autres entreprises d'armes à plaisance qu'il ne s'était fait longtemps auparavant. . . . Ces bouhourdis se faisaient par les rues de la ville. . Le plus souvent les grandes chevaleries se faisaient dans la rue de la Juiverie, parce que là les chevaliers en queste trouvaient les plus belles et bonnes aventures selon ce qu'ils désiraient.*[2] On s'efforçait aussi de captiver la foule des étrangers et des gentilshommes par les charmes d'une société qui commençait déjà à être instruite et galante. Steyert, dans son histoire de Lyon, nous raconte beaucoup de ces fêtes où l'on dansait et où l'on s'entretenait courtoisement. Les demoiselles lyonnaises étaient très aimables; après le départ des chevaliers il y eut chez elles une singulière épidémie de suicide dont il ne serait pas délicat de rechercher les causes. Charles VIII goûtait si fort le plaisir de leur société qu'il en négligeait même ses devoirs de monarque.*[3] Il n'y a donc pas lieu de s'étonner que la cour fût enchantée de ces séjours et aimât à retourner dans la ville hospitalière et gaie, où l'on goûtait si bien *les délices et les plaisirs, la grande chère et le merveilleux passetemps.*[4]

Le luxe des Lyonnais se rendit cependant toujours plus célèbre, et s'augmentait surtout par le riche butin consistant en grande partie en objets d'art apportés d'Italie et revendus sur le marché de Lyon. Un document de l'année 1495 fait mention d'un payement de 1593 livres tournois pour *le menaige, voiture et conduicte depuis Napples jusqu'en la ville de Lyon de plusieurs tapisseries, librairies, poinctures, pierre de marbre et de porfire et aultres meubles, lesdites choses pèzent en tout 87,000 livres ou environ.*[5] La vie lyonnaise prit de cette façon un cachet qui différait beaucoup de celui des autres villes de France : les maisons, les vêtements, les objets usuels, tout était fait à la mode italienne, avec

---

[1] cf. chap. VII.

[2] Relations citée par *Thibaut.* Marguerite d'Autriche. p. 144.

[3] *Brantôme,* ed Lalanne, tome IX, p. 471. *Aussi les aimait-il fort* (les dames de son règne) *et les servit bien, voire trop, car tournant de son voyage de Napples tres victorieux et glorieux, il s'amusait si fort à les serviir, caresser et leur donner tant de plaisirs à Lyon par les beaux combats et tournois qu'il fit pour l'amour d'elles, que, ne se souvenant point des siens qu'il avait laissés dans ce royaume, les laissa perdre ; et villes et royaume et chasteaux tendaient les bras pour avoir secours.*

[4] *Colonia.* Hist. litt. de Lyon. t. II. p. 408.

[5] *Thibaut.* op. cit. p. 144.

tout le luxe que les banquiers florentins avaient fait connaître aux riches bourgeois de Lyon.[1]

Ce qu'il y a de plus important dans l'histoire lyonnaise pendant les guerres d'Italie, ce sont les nouvelles aspirations qui se développent dans l'âme des citoyens. Dans ces marchands, tous d'origine bourgeoise, qui n'ont connu jusque là que leur métier et qui se sont plu dans une vie humble et paisible, ne connaissant pas d'autres jouissances que le gain et le repos après le travail, éclate enfin la joie de vivre, qu'avait préparé depuis longtemps l'exemple de leurs concitoyens italiens. Ils apprennent enfin à se servir des richesses accumulées, ils comprennent qu'il y a des jouissances élevées et raffinées qu'ils n'ont pas encore goûtées et qui sont à leur portée.

Par le contact avec la joie et avec l'Italie, ils se préparent à la nouvelle manière de penser et de sentir : à la Renaissance. Et, notons-le bien, cette Renaissance n'est pas venue par des livres ou par une société de savants, par une espèce d'académie; elle s'est introduite par la vie sociale, par des rapports directs avec des hommes du monde, des banquiers, des marchands, des industriels, et elle s'est développée sous l'influence de l'art et du luxe italiens, dans une société qui s'adonnait à la gaieté et à des fêtes auxquelles les femmes prenaient part. Voilà pourquoi la Renaissance lyonnaise est polie, galante, sans aucune inclination à la gauloiserie du moyen-âge, bien différente de celle du nord de la France qui a fait naître Rabelais et la plupart des humanistes français. Dans l'âme de ceux-ci, l'éveil s'est fait par suite de lectures assidues des auteurs grecs et romains et par l'étude soignée de la jurisprudence et de la médecine. Voilà aussi pourquoi les femmes prennent une part si vive à la vie littéraire de Lyon, beaucoup plus que dans aucune autre ville de la France.

On ne s'étonne donc pas de voir se développer à Lyon pendant les préparatifs des guerres, entre les victoires et les défaites des armées françaises en Italie, une littérature locale qui montre déjà beaucoup des qualités de l'esprit de la Renaissance. On pourrait appeler cette première période de la littérature lyonnaise d'après son principal représentant *l'Epoque de Symphorien Champier*.

Mais avant de caractériser cette école littéraire, il nous faut parler d'un fait qui a été très important pour son développement:

---

[1] Il paraît que ce luxe, qui est venu *par la bombance et superfluité des draps de soie prattiquée et moyennée à Lyon par les banquiers estrangers*, n'a disparu que vers 1564, par les effets surprenants de la prédication évangélique. (cf. *Antoine du Pinet*. Plants, pourtraits et descriptions de plusieurs villes et forteresses, tant de l'Europe . . . etc. Lyon 1564).

c'est l'introduction de l'imprimerie à Lyon. On a déjà tant écrit
sur cette matière[1] que je peux me borner ici à quelques remarques. On sait que Lyon était déjà dans le dernier quart du quinzième siècle[2] une des places les plus importantes de la librairie
en Europe, et cette importance alla grandissant jusqu'aux guerres
religieuses.[3] Vers le milieu du seizième siècle, Lyon n'est sur-
passé que par Venise pour le nombre, les qualités artistiques et
la correction de ses éditions et pour la variété des matières trai-
tées. *Claude de Nourry* et *François Juste* s'occupent surtout de
l'impression de livres français destinés au peuple; on sait le rôle
qu'ils jouent dans la vie de Rabelais.

Sébastien Gryphe, un des nombreux Allemands qui ont travaillé à cette époque comme imprimeurs à Lyon, est l'éditeur
lyonnais le plus célèbre pour les auteurs latins et grecs; ses magnifiques éditions tiennent le premier rang après celles des Alde.
L'influence qu'il a exercée sur le développement des lettres lyonnaises, a été très efficace; il a occupé dans ses officines Guillaume
Scève, Rabelais et Dolet; il a formé les imprimeurs-éditeurs Jean
de Tournes et Guillaume de Roville qui ont continué son œuvre.
Si nous avions une étude biographique consciencieuse sur cet imprimeur, nous verrions beaucoup plus clair dans la marche de la
Renaissance lyonnaise.

L'organisation de l'imprimerie au seizième siècle est très différente de celle de nos jours. A l'époque de la Renaissance, la
typographie est plutôt un art qu'un métier, et les imprimeurs sont
plutôt des érudits et des artistes que des industriels. Ce ne sont
pas les humanistes qui chargent les typographes d'imprimer les
éditions qu'ils ont préparées; ce sont au contraire les grands imprimeurs, comme S. Gryphe, qui occupent tout un état-major d'humanistes à corriger les livres pour lesquels le typographe seul
est responsable.

L'introduction de l'imprimerie apporte un nouvel élément dans
la société lyonnaise : les humanistes allemands et français, qui se
distinguent de leurs confrères italiens surtout en ce qu'ils ne savent
pas bien comprendre les chefs-d'œuvre de l'antiquité par leur
côté esthétique et en ce qu'ils manquent d'élégance pour la
plupart. Mais ils ont par contre l'avantage d'être plus con-

[1] *Claudin.* Histoire de l'imprimerie. tom. II. — *Vingtrinier,* Aimé, Histoire
de l'imprimerie à Lyon. Lyon 1894. — *Montfalcon.* Le nouveau Spon ou Manuel
du Bibliophile et de l'archéologue lyonnais. Lyon 1856. -- *Baudrier,* J. Bibliographie lyonnais. Recherches sur les imprimeurs, libraires et fondeurs de lettres
de Lyon au seizième siècle. 6 vol. Lyon 1895—1904.
[2] *Péricaud.* Bibliographie lyonnaise du quinzième siècle. Lyon 1851.
[3] Dans l'entrée solennelle d'Eléonore d'Autriche à Lyon en 1530, on comptait
200 imprimeurs dans le grand cortège; dans l'entrée de Henri II en 1548 il y en
avait même 413.

sciencieux dans leurs travaux, guidés qu'ils sont par un esprit plus scientifique et plus critique. En somme ils étaient plus pédants, et aussitôt que les lettres lyonnaises commencèrent à prendre des allures scientifiques, elles se ressentirent de cette pédanterie allemande qui contraste singulièrement avec l'autre côté de la Renaissance lyonnaise, tout élégant, joyeux et italien.

L'influence des typographes s'est fait sentir encore d'une autre façon. Les imprimeurs qui sont venus d'Allemagne[1] en ont apporté les idées de Luther sur la réforme religieuse, et ils ont travaillé à les divulguer à Lyon. Les premières protestations contre la vente des indulgences partent des imprimeurs qui ont à souffrir souvent des persécutions du clergé catholique. Seb. Gryphe, Jean de Tournes, Jean Frellon qui hébergeait Calvin, et d'autres typographes d'importance inclinaient aux idées nouvelles. Vers le milieu du seizième siècle, on rencontre chaque soir des bandes d'imprimeurs qui se promènent sur les quais du Rhône, en chantant des psaumes de Marot.

Il va sans dire que l'imprimerie était pour les Lyonnais comme une source oú ils puisaient l'instruction classique et italienne, base nécessaire de cette littérature lyonnaise dont le chef est Symphorien Champier et qui se développe parallèlement à la dernière période de l'école des rhétoriqueurs sous Lemaire des Belges.

Symphorien Champier[2] était médecin. Né en 1471 à Saint-Symphorien-le Château d'une famille bourgeoise aisée, il étudia à Paris et fut promu docteur à l'Université de Montpellier. Bientôt après, il vint se fixer à Lyon. Il prit part aux campagnes d'Italie, surtout sous François I. Dans les intervalles de paix, il restait à Lyon où il s'adonnait à ses travaux littéraires. On le fêta beaucoup en Italie, surtout à l'Université de Pavie où il joua un grand rôle. Dans sa patrie, il occupa les imprimeurs par une cinquantaine de petits ouvrages dont la plus grande partie est écrite en langue vulgaire. C'était un homme d'allures très „scientifiques", déjà quelque peu universel. A côté d'ouvrages sur la médecine qui n'ont guère avancé les sciences médicales[3], il a laissé des études historiques où il se montre superficiel, inexact et peu digne de foi, des poèmes et des ouvrages moraux en prose, qui lui ont valu le titre de docteur en théologie, mais qui le classent parmi les rhétoriqueurs les plus médiocres. Et pourtant nous trouvons

---

[1] Citons les noms de Johannes Alemanus, Schenk, Wensler (ou Michaël de Basilea) Jean Trechsel, Sébastien Gryphe etc.

[2] *Allut.* Paul. Étude biographique et bibliographique sur S. Champier. Lyon. 1859. Voir aussi *Revue du Lyonnais* 1836, II. p. 41.

[3] *Haller* dit de lui: *non indoctus homo, polygraphus et collector, semi-barbarus tamen.*

déjà chez lui cette espèce de „féminisme", ce culte de la femme
qui lui est commun avec les Lyonnais d'une époque postérieure.
Cette qualité se manifeste surtout dans *la Nef des Dames vertueuses* (1503).

Lemaire des Belges était de ses amis; il venait le voir, quand
il visitait les imprimeurs qui s'occupaient de ses ouvrages. Lemaire ne perd jamais une occasion de chanter la belle ville hospitalière :

> Le chef de la Gaule celtique,
> Reflourissant comme un autre Ilion,
> Et surcroissant en sa valeur antique.[1]

Il l'appelle *cité très noble et antique, le second œil de France
et de tous temps élevée en grand prérogative.*[2] Un de ses meilleurs
amis lyonnais est le peintre et poète *Jehan Perréal* (appelé aussi
Jehan de Paris).[3] Ce Perréal avait été le principal architecte de
l'église de Brou à Bourg - en Bresse qui fut le mausolée des pro-
tecteurs de Lemaire. La ville de Lyon l'employait pour arranger
les entrées solennelles et autres fêtes, et pour faire les décorations
des mystères et autres pièces de théâtre.

Le meilleur ami de Perréal était *Pierre Sala* (mort après 1529)
qui lui dédia *le Livre de l'Amitié,* un recueil de dictons sur l'a-
mitié tirés des Pères d'Eglise et de quelques écrivains de l'antiquité.[4] Sala était issu d'une des familles les plus riches de Lyon
ce qui lui permit de se livrer exclusivement aux études littéraires.
Vers 1490 il s'installa dans une maison de campagne sur la montagne de Fourvière, appelée l'Anticaille, au milieu des ruines de
l'antique Lugdunum. Il y mena la vie d'un riche amateur.

Les amis de Symphorien Champier se retrouvaient souvent
dans des réunions qui n'avaient rien d'officiel. La lettre qui nous
en a transmis la notice a donné lieu à la célèbre légende de l'A-
cadémie de Fourvière à laquelle ont encore ajouté foi Sainte-Beuve,
Thibaut et P. Steyert, le dernier historiographe de Lyon.[5] Elle

---

[1] Concil de deux lang. p. 382.

[2] Illustre des Gaules p. 36. cf. sur Lemaire des Belges : *Thibaut,* op. cit. et
Becker, Ph. Aug. Jean Lemaire. Strassburg 1893.

[3] *Charvet.* M. Jehan Perrial. Lyon 1874. — *Dufay.* de Perréal. Revue du
Lyonnais. 1870. I. p. 50.

[4] *Sala,* Pierre. Le livre d'amitié dédié à Jehan de Paris par l'escuyer
P. Sala, Lyonnais. p. p. G. Guigne, Lyon 1884 (ms. de la Bibl. nat.)

[5] L'auteur de la légende est le jésuite *Poullin de Lumina* qui se permet
dans son *Abrégé chronologique de l'histoire de Lyon* (Lyon 1767) la fantaisie suivante, amusante surtout au point de vue chronologique: *Louise l'Abé étoit un des
principaux membres de l'Académie littéraire dont les assemblées se tenaient sur la
montagne de Fourvière, dans la maisons du Sieur de Langes d'où elle fut appelée
l'Angélique; les autres Académiciens étaient les Sieurs de Langes, de Villeneuve,
Fournier, Paterin, Symphorien Champier, Benoît Court, Jean voulté (sic) Jean Dolet
(sic), Duchoul, Vauzelles, le poète Girinet, Clément Marot, Maurice Seve, Claudine
et Sibile Seve, Pernelle Duguillet, Clémence de Bourges et les Sieurs du Peyrat.*

est écrite par un ami, Humbert Fournier, à Champier, et publiée par ce dernier dans le *Tropheum gallorum* de 1507. Elle contient la description d'une assemblée qui ne semble pas avoir été la seule, et qui eut lieu dans la maison d'un ami commun, située sur le coteau de la montagne de Fourvière. Rien n'y fait supposer une société organisée avec un but précis ; ce n'est point du tout une académie. La lettre même prouve que ces assemblées étaient sans date fixe et sans aucun règlement.

Elle nous cite aussi les noms des amis qui y étaient ; nous voyons entre autres le médecin Gonsalve de Tolède, le théologien André Victon, et Jean Lemaire des Belges. Elle nous apprend ce qu'était la conversation dans un cercle scientifique de Lyon dans les premières années du seizième siècle. *Nous parlons de bien régler les mœurs, de polir et de perfectionner l'esprit par la culture des sciences utiles. Quelques amis nous rendent visite, et, laissant les sujets sérieux, nous nous egayons par de petits contes et par des plaisanteries qui n'ont rien de mordant. On cause des nouvelles des cours et des évènements politiques. — Humbert Four-nier déclamait des sonnets en rimes toscanes, un autre des mor-ceaux oratoires, un autre encore des fragments de pièces de théâtre. André Victon aimait à s'entretenir de sujets graves tels que l'incer-titude de la vie et la nécessité de la mort. Tantôt on faisait un peu de musique, tantôt on se délassait à des jeux divers. Ces passe-temps agréables recevaient un atrait nouveau de la vue qui se pré-sentait aux regards; après avoir passé sur les innombrables mai-sons de la ville, les yeux parcouraient un immense paysage.*[1]

C'est le hasard des sources historiques de ces temps qui nous a transmis des notices d'un seul de ces cercles littéraires et phi-losophiques ; je ne doute pas qu'ils aient été assez nombreux à Lyon. A cette époque déjà, la société y était internationale; à côté de banquiers italiens qui y avaient apporté toute la civi-lisation raffinée, tout le culte du Beau de Florence, il y avait des imprimeurs allemands qui étaient toujours au courant de toutes les nouvelles publications dans le monde des sciences et des belles-lettres.

Malgré leur organisation politique assez indépendante, les „na-tions" florentine, lucquoise et allemande ne devaient pas être très exclusives. Nous voyons par la lettre de Humbert Fournier que l'on comprenait et goûtait à Lyon la poésie italienne — si ce n'est celle de Pétrarque du moins celle de ses imitateurs — dès le commencement du seizième siècle ; fait très singificatif pour l'évo-lution de la poésie lyrique à Lyon. Aussi n'est-il pas sans impor-

---

[1] Je cite la traduction de Montfalcon (Hist. mon. II p. 97.)

tance de constater que les littératures antique et italienne avaient déjà donné aux Lyonnais instruits de cette époque le sentiment de la nature.

Après tant d'années de grande renommée, Symphorien Champier mourut presque oublié en 1537, au moment où florissait à Lyon une littérature toute différente de la sienne et dans laquelle nous ne voyons jamais apparaître son nom. Et pourtant, ce nom est inséparable de la fondation de deux institutions lyonnaises qui ont exercé une influence capitale sur le développement de la civili· sation et de l'esprit de la Renaissance à Lyon : le Collège de Médecine et l'Ecole de la Trinité.

Le *Collège de Médecine* dont on ne sait pas exactement l'année de fondation, mais qui est probablement du commencement du siècle, n'était pas, à son origine, une école, une faculté au sens moderne du mot.[1] Ce n'était qu'une association des meilleurs médecins de la ville qui soumettaient chaque nouveau venu désireux d'exercer leur art, à un examen assez sévère. Ses certificats d'études et de mœurs reconnus suffisants et ses examens passés, il était obligé de pratiquer son art pendant quatre ans dans un bourg de la campagne lyonnaise avant de pouvoir l'exercer dans la ville. Parmi les médecins de Lyon il y eut plusieurs hommes universels, plusieurs humanistes. Nommons à côté de Symphorien Champier Lazare Meyssonnier, Michel de Nostre· dame, Jehan Canappe, Pierre Tolet[2], les deux Spon et — last not least — François Rabelais, qui n'aurait pas été soumis au règlement du Collège de Médecine en sa qualité de médecin déjà célèbre.[3]

L'*Ecole de la Trinité* était un établissement municipal, émancipé presque complètement de l'autorité écclésiastique.[4] Une confrérie laïque de bourgeois lyonnais avait établi dans les „granges“ du couvent de la Trinité une école plutôt modeste. En 1527, Champier et quelques-uns de ces concitoyens réussirent à soumettre cette école à l'administration de la ville qui lui donna une base assez solide pour que le nouveau collège suffît aux besoins de toute la jeunesse studieuse de Lyon. Le clergé se vit attaqué dans ses droits; il ne fut point facile d'obtenir l'assentiment de l'ar-

---

[1] Plus tard on y fit aussi des cours. Jehan Canappe y enseigna la chirurgie en français.

[2] Ami de Rabelais, comme lui médecin à l'Hôtel Dieu. Traducteur de diverses dissertations médicales en langue vulgaire. cf. *Breghot du Luth*, Mélanges I, p. 180 et *Revue des Etudes Rabelaisiennes* II (1904) p. 70.

[3] D'autres médecins lyonnais fameux: cf. *Montfalcon*. Histoire monumentale de Lyon, t. II. p. 47.

[4] *Rabanis*. Notice historique sur le Collège de Lyon. — *Demogeot*. Notice sur le Collège de la Trinité dans: Lyon ancien et moderne. — *Buisson*, F. Sébastien Castellion. Thèse française. Paris 1892, t. I, p. 17 ff.

chevêque François de Rohan, qui se réserva le droit d'approuver le choix du recteur. *Le consulat donna tous ses soins au collège naissant, agrandit les locaux, institua quatre classes, établit une rétribution scolaire (2 sols 4 deniers) et appela des professeurs dont quelques-uns avaient déjà ou eurent bientôt de la renommée.*[1]

Les premiers supérieurs furent *Guillaume Durand, Jehan Canappe* (le même qui enseigna la chirurgie en français), *Loys du Vergier*, très favorable à la Réforme, puis *Jean Raynier* (Raynerius, Raenerius) Celui-ci fut regardé par les premiers humanistes et poètes latins de Lyon comme leur maître, à qui ils adressaient de nombreuses éprigrammes laudatives et de qui ils sollicitaient les compliments.

Le plus célèbre des recteurs du Collège de la Trinité fut sans aucun doute *Barthélemy Aneau*[2] (Anulus) né à Bourges au commencement du siècle, appelé par le consulat comme professeur de rhétorique en 1529, principal une première fois en 1540 et définitivement en 1553. — Aneau est le représentant le plus caractéristique du côté pédant de la Renaissance lyonnaise. Ayant fait des études solides (sous l'helléniste Wolmar, l'ami de Mélanchthon), à l'Université de Bourges, avec Amyot, Bèze et Calvin, il disposait d'une instruction extraordinaire qui lui valut l'estime de beaucoup d'humanistes. Bien qu'il eût toujours professé une sorte d'indifférence correcte matière religieuse, il était protestant convaincu et mourut en martyr de sa confession.[3] Ami intime et admirateur de Marot, dont il continua la traduction des Métamorphoses[4], et de Rabelais, il aspirait à une littérature purement nationale; il combattit *les corruptions italiques* surtout en moraliste sévère et en protestant, instruit peut-être par des expériences faites dans la société lyonnaise. Dans le *Quintil Horatian*[5] (ouvrage original mais pédantesque qui n'exprime aucunement les idées du milieu littéraire de Lyon, quoiqu'on en ait dit, mais seulement celles d'Aneau), il déclara la guerre aux principes exposés par

---

[1] *Buisson*, Castellion, t. I. p. 18.

[2] Article de la *France protestante. — Montfalcon*. Hist. mon. t. II p. 49—52. — *Buisson*, Castellion. t. I, p. 22. — *Mugnier*, M Cl de Buttet. Annales de Savoie XXXV. p. 92 ff. Malheureusement il n'existe pas encore de travail spécial sur B. Aneau.

[3] Le 5 juin 1561, il fut massacré dans une émeute de la populace catholique. — Une clause de son contrat prouve qu'il était suspect d'hérésie: *Il lui est enjoint estre leu ni enseigné audict collège aulcune doctrine, ni livre deffendus ou censurez, contre l'honneur, auctorité et deffense de nostre mère Saint Eglise et souffrir audict collège estre tenu propos, ni dogmatisant ni enseignant en mauvaise doctrine en particulier, ni en général.*

[4] Lyon, Guillaume Roville 1549.

[5] Revue d'hist. litt. de la France, 15 janvier 1898. — *Chamard*. Joachim du Bellay, Lille 1900. — *Joachim de Bellay*, œuvres compèltes, p. p. Léon Séché. t I. Paris 1903. p. 61 ff.

Joachim du Bellay dans la *Deffence et Illustration de la langue française,* ne voulant point *qu'on contremine l'italien en françois.*

Il fut un écrivain très fécond, mais il laissa toujours apparaître dans ses ouvrages ses qualités ou défauts de régent. Pour les représentations théâtrales qui se donnaient toujours à la fin de l'année scolaire, il composa des drames dont nous sont restés quelques-uns qui ont encore toutes les qualités des moralités moyenâgeuses. Le *Chant natal* (1539) a été appelé à tort la première opérette; il se base sur le mystère de la nativité et des mélodies populaires. Le *Lyon marchant* (1542) est une pièce satirique sous forme d'allégorie, à peu près dans le genre des „revues" parisiennes de nos jours. Dans les *Décades* (dizains) *de la description, forme et vertu naturelle des animaux* (1549 et 1550), il suit le chemin battu et rebattu des vieux bestiaires. Dans le roman moral et allégorique *Alector ou le Coq* (1560) il est encore complètement sous l'influence des grands rhétoriqueurs. Le reste de ses œuvres, pour lequel je renvoie à Colonia[1] et à Montfalcon[2], consiste surtout en traductions et en livres de classe et d'occasion dont je fais grâce au lecteur.

Quand on pense que la plupart des Lyonnais lettrés ont passé sous la férule de ce pédant, on se gardera de taxer trop bas l'influence qu'il a exercée sur le courant des idées à Lyon. Malgré son pédantisme et son esprit conservateur, c'était un homme qui ne manquait pas de bon sens et qui pouvait se mesurer avec tout Lyonnais quant au savoir universel. Un extérieur agréable, un caractère sociable et une parole facile le faisaient rechercher dans le monde. Mais son influence ne fut pas très favorable au développement de la littérature: par sa critique souvent trop juste et par sa satire âpre et blessante, il enrayait l'élan des jeunes novateurs et ralentissait ainsi la marche de la Renaissance lyonnaise.

Lyon ne manquait donc pas de points d'attraction pour des savants; surtout pour des humanistes. Résumons encore une fois : une société bourgeoise, riche, qui avait conçu le besoin d'instruction et de jouissances artistiques et littéraires dans son commerce avec les hommes les plus avancés du siècle et dans une série ininterrompue de fêtes magnifiques; l'imprimerie qui occupait beaucoup de savants comme éditeurs et correcteurs; le Collège de Médecine qui allait compléter une instruction encore trop peu universelle; l'Ecole de la Trinité qui ne dépendait que très peu du clergé, et point de l'Etat, et qui répondait si bien à cet idéal de l'école de la Renaissance qu'on pouvait y être en même temps

---

[1] *Colonia.* Hist. litt. II. 698. [2] *Montfalcon.* Hist. mon. II. 50—52.

professeur et étudiant ; et, le plus grand avantage de Lyon à cette époque : la grande liberté de pensée, semblable à celle de Rome sous Léon X, en contraste avec Paris où la Sorbonne d'un côté, le Parlement de l'autre, allaient tyranniser les esprits et les soumettre aux autorités approuvées de l'Eglise et de l'Etat.

Il y eut donc bientôt à Lyon un nombre assez considérable d'humanistes. Nous avons déjà mentionné les recteurs du Collège de la Trinité et les plus célèbres des médecins. Vers 1536, les nombreux humanistes qui étaient en partie professeurs au Collège, en partie précepteurs, en partie correcteurs chez les imprimeurs, se mirent à publier des poésies latines qui ont presque toutes le caractère d'une correspondance privée. Ils inaugurent ainsi une deuxième période de la littérature lyonnaise : celle des Humanistes, qui joue un rôle si important dans la vie de Maurice Scève que nous lui consacrerons un chapitre spécial.

Un autre groupe de savants est celui des *Archéologues*. La ville de Lyon possédait au seizième siècle un nombre beaucoup plus considérable de restes de l'antiquité qu'elle n'en a aujourd'hui, et aussitôt que le goût pour la littérature antique fut éveillé, on s'occupa à expliquer leur signification, et à déchiffrer les inscriptions de l'ancien Lugdunum, à l'aide des historiens anciens qui parlent de l'illustre capitale de la Gaule. Déjà Symphorien Champier aimait à reproduire, dans ses travaux soi-disant historiques, des inscriptions latines pour donner plus de poids à ses assertions. Les grands archéologues lyonnais qui le suivirent dans cette voie, étaient de riches amateurs point gênés dans leurs recherches par le soin du pain quotidien, et qui pouvaient se permettre les dépenses qu'exigent des collections de cette sorte.

Un des premiers fut *Pierre de Sala*, l'ami de Jehan Perréal (cf. p. 9). Das sa maison de l'Anticaille, située au milieu des ruines de Lugdunum, il étudia en dilettante et avec une curiosité peu méthodique. Les *Antiquités de Lyon*[1] sont le fruit de ses études ; c'est un vaste recueil de notes prises dans les voyages et promenades de l'auteur, de copies d'inscriptions, de notes tirées de vieux auteurs et de rondeaux et épitaphes de poètes contemporains (probablement Jean Perréal et Lemaire des Belges).

Un savant plus sérieux est *Claude de Bellièvre*. Né en 1487, fils d'une riche et ancienne famille lyonnaise, il fit comme beaucoup de ses concitoyens des études de droit à Toulouse. Rentré à Lyon après sa promotion au grade de docteur, il devint avocat de la sénéchaussée. De 1523 à 1528 il fut échevin de la ville. Après avoir été pendant plusieurs années procureur général de Gre-

---

[1] ms. de la Bibl. nat. Fonds français 5447.

noble, il voyagea en France et en Italie. A son retour à Lyon, il transforma son jardin près de l'église Saint-Jean en un vaste musée d'antiquités, se souvenant probablement de la collection que les Médicis avaient amassée dans la cour du Palazzo Riccardi. Il déposait les résultats des recherches qu'il y faisait dans son *Lugdunum priscum,* manuscrit de la Bibliothèque de la ville de Lyon qui représente un vaste recueil de matériaux. Une lecture de ce livre prouve que Bellièvre apportait beaucoup d'intérêt à la poésie de sa ville natale; il cite à plusieurs reprises des passages de la *Délie* de Maurice Scève lequel passait pour autorité parmi les archéologues lyonnais. Il semble que les deux hommes aient été amis; les mêmes intérêts les réunissaient.

Guillaume du Choul (Caulius) montrait les mêmes penchants; son érudition était encore plus étendue. De quelques années plus jeune que Bellièvre (il naquit en 1500), il était son voisin et possédait dans son jardin une collection d'épigraphes encore plus riche et un cabinet numismatique très célèbre. Il voyagea en Italie pour approfondir ses connaissances et pour agrandir ses collections.[1] Honoré d'Urfé, Visagier et Goltzius le visitèrent à Lyon pour les admirer, et Etienne Dolet fit en leur honneur une de ses nombreuses digressions dans les *Commentaires de la langue latine.*

Rappelons encore un troisième archéologue et collectionneur lyonnais, le plus célèbre de tous. *Jean Grolier* (1479—1565) seigneur d'Aguisi (près de Vérone) était un de ces Italiens à moitié francisés que François Ier aimait à occuper dans la haute diplomatie et dans l'administration de ses provinces italiennes. D'une richesse et d'une libéralité prodigieuses, il fut le Mécène des humanistes français : Guillaume Budé lui dédia son *de Asse,* Etienne Niger son livre sur la littérature grecque. Il était en relations continues avec Clément VII et les Alde. Dans ses voyages diplomatiques, il cherchait partout des monnaies, des antiquités et des livres, surtout des livres. Sa bibliothèque contenait, autant qu'on a pu la reconstruire, plus de 3000 volumes; tous dans cette reliure qui en fait l'ornement le plus magnifique des salles d'exposition des grandes bibliothèques. Chaque reliure porte en guise d'ex-libris la devise · GROLIERII · ET · AMICORUM · qui est la meilleure preuve de la munificence de celui qui l'a composée.

---

[1] Voici la liste de ses ouvrages: *Discours sur la castramétation et discipline militaire des anciens Romains.* Lyon 1555. — *Des bains et antiques exercitations grecques et romaines.* 1567. 1581. — *Epître consolatrice à Mme. de Chevrière.* Lyon 1555. — *Discours sur la Religion des anciens Romains.* Lyon 1556 (traduit en italien par Simeone Simeoni, en latin par L. Joachim Camerarius, en espagnol par Bathazar Perez de Castille).

Le nombre des livres français qu'il a possédés, est très petit; et il me semble que c'est plutôt leur beauté extérieure que leur valeur littéraire[1], qui les a fait rechercher.

Rien ne nous montre mieux quels étaient les goûts de la haute société lyonnaise dans la première moitié du seizième siècle que ces riches bourgeois et gentilshommes épris de beauté et de science antiques et dont nous n'avons pas terminé la liste.[2]

Les autres humanistes qui n'étaient pas originaires de Lyon, mais qui cherchaient à y gagner leur pain — Rabelais, Dolet etc. — nous occuperons plus tard.

Essayons de nous faire une image de la société lyonnaise telle qu'elle était sous le règne de François I. Les traits caractéristiques que nous avons notés plus haut pour l'époque des guerres d'Italie, s'étaient tous accusés. Le culte de la littérature italienne qui avait été introduit par les nombreux Florentins et que la prétendue Académie de Fourvière avait rendu, était loin d'avoir moins de fidèles, le butin des guerres d'Italie qui s'était vendu à Lyon et dont une grande partie consistait en livres et objets d'art italiens, avait contribué au développement d'un goût nouveau chez les Lyonnais. Les guerres avaient multiplié les relations commerciales avec l'Italie, le nombre des marchands et banquiers florentins s'était toujours accru par suite des désordres politiques qui rendaient le séjour de Florence de plus en plus désagréable. Aussi y eut-il un nombre assez considérable d'Italiens illustres employés à Lyon comme fonctionnaires de l'Etat ou comme écclésiastiques.[3]

Cet italianisme eut sur la société mondaine de Lyon une influence beaucoup plus étendue que l'humanisme. C'est à lui que

---

[1] *Leroux de Lincy*. Recherches sur Jean Grolier, Paris 1866.

[2] On pourrait y ajouter encore Jean de Vanzelles, l'ami de M. Scève, cf. *L. de Niepce*, les chambres de merveille ou cabinets d'antiquités de Lyon, Revue lyonnaise, vol. III—VI. Un autre archéologue remarquable qui habita Lyon fut *Gabriele Simeoni* (né en 1509) qui, il est vrai, appartient à une époque postérieure de quelques années à celle qui nous occupe dans ce chapitre. Après avoir échappé à l'inquisition italienne, il arriva en 1556 à Lyon, où il resta pendant trois ans. Il s'y occupait de traveaux littéraires de toute sorte. Il traduisit entre autre en italien l'étude de Duchoul sur la castramétation romaine. Sa traduction italienne des *Métamorphoses* d'Ovide est célèbre surtout par les gravures de Salomon Bernard (le petit Bernard). Il a déposé le fruit de ses études archéologiques sur Lyon dans un manuscrit qui porte le titre de *l'Origine ed Antiquità di Lione* (p. p. la société des Bibliophiles lyonnais) et qui se trouve maintenant dans les archives de la cour de Turin. — Un autre florentin, le grand hébraïsant *Sanctes Pagnini* se réfugia à Lyon après le grand échec de son maître Savonarole. Il y mena une vie très retirée et a été sans aucune influence sur la Renaissance lyonnaise.

[3] De 1498 à 1507 César Borgia fut gouverneur de Lyon, de 1515 à 1518 Jean-Jacques Trivulce, de 1518 à 1536 Théodore Trivulce qui fut remplacé de 1529 à 1532 par son frère Pomponne. De 1547 à 51, Hippolyte d'Este fut archevêque de Lyon. Une liste plus étendue dans Steyert, op cit. t. II. p. 34.

les femmes doivent d'occuper, dans la société, une place qui diffère beaucoup de celle des femmes bourgeoises en d'autres villes de France. Au commencement du siècle, il n'y eut point de femmes dans des cercles tels que la prétendue Académie de Fourvière; elles étaient trop ignorantes encore pour prendre part aux entretiens des savants. Mais nous les trouvons dans la société chevaleresque et galante, autour de Charles VIII et de ses seigneurs à moitié italianisés. Sous Louis XII, la cour était de même plus souvent à Lyon qu'à Paris, et elle y séjourna encore sous François Ier des années entières, pendant lesquelles elle devint le centre de la vie mondaine de Lyon. Comme il n'y avait point de noblesse lyonnaise, les riches bourgeoises furent admises aux fêtes que leurs maris avaient l'honneur d'offrir aux souverains.

Ces circonstances contribuèrent d'une façon spéciale à développer les relations des deux sexes. Fières de leurs succès mondains, les femmes firent tout pour ne rien perdre de leur conquête. Grâce à l'exemple des Italiennes dont elles fréquentaient la société, elles s'aperçurent du progrès vers la Renaissance qui s'accomplissait dans l'esprit de leurs maris; elles comprirent qu'elles devaient faire un effort pour réaliser l'idéal de la femme telle que Baldassar Castiglione la décrivait dans sa „donna di corte". Elles acquirent *entière et familière congnoissance des plus louables vulgaires, comme le Thuscan et le Castillian et... des rudimentz de la langue Latine et Grecque,* elles se rendirent *parfaictement asseurées en tous instrumentz musicaulx, soit au luth, espinette et aultres,* elles aspirèrent même à composer des épigrammes et chansons *pour satisfaire à ceulx à qui privément en maintes bonnes compaignies elles se récitoient à propos,*[1] tout cela pour se rendre les dignes compagnes des hommes qu'elles admiraient pour leur science et leur vertu.[2]

Cela nous amène à parler de la nouvelle doctrine, on pourrait même dire de la nouvelle religion qui a beaucoup contribué à former l'idéal nouveau de la femme, de l'amour et de la vertu, le culte de la beauté et de l'amitié : *le platonisme*[3]. Il avait été importé à Lyon par les Florentins, dès le milieu du quinzième siècle. Le platonisme lyonnais était indirect (au nord de la France par contre il fut direct); c'est-à-dire qu'il ne reposait pas au commencement sur l'étude des œuvres de Platon, mais sur l'imitation des usages de la société florentine et sur la connaissance intime de quelques œuvres de la littérature italienne imprégnées

---

[1] *Antoine du Moulin,* Préface des *Rymes de Pernette du Guillet.* Lyon 1545.
[2] cf. le chapitre VI.
[3] cf. le chapitre V.

de la nouvelle doctrine, telles que le *Cortegiano* de *Baldassar Castiglione,*[1] l'*Hécatomphile* de *Léon Baptiste Alberti*[2] et surtout le *Canzoniere* de *Pétrarque* avec ses nombreuses imitations. Le platonisme des humanistes parisiens est plus scientifique; il n'est pas une conséquence de l'italianisme, mais il se trouve être l'œuvre d'hellénistes qui s'occupent très assidûment de Platon, le roi de tous les philosophes et le modèle du style grec.[3] Ce platonisme qui remonte à la source, ne fut introduit à Lyon que par Marguerite de Navarre dont la cour était le foyer de la nouvelle doctrine en France; Bonaventure Despériers, Etienne Dolet et François Rabelais,[4] les premiers humanistes lyonnais qui semblent avoir étudié avec soin les œuvres du grand disciple de Socrate, étaient tous des familiers de la reine.

Si la société mondaine de Lyon n'est pas devenue calviniste comme une très grande partie du peuple (presque tous les noms de protestants qu'on y relève sont ceux de simples artisans), la principale raison en est que le platonisme était la vraie religion des Lyonnais amoureux de la Renaissance. Beaucoup d'entre eux étaient très favorables à une réforme évangélique, mais la rigidité de Calvin, le bannissement de toutes les joies de la vie qu'il prêchait et le nouveau système de dogmes qu'il édifiait devaient leur répugner. Il semble que la tolérance des Lyonnais du seizième siècle, cette tolérance qui leur permit d'appeler un homme *qui sentait mal de sa foy* — B. Aneau — à une chaire de leur collège, soit un fruit du platonisme.

Le platonisme ne fit que rendre plus vive la vie sociale que l'italianisme et la longue période de fêtes avaient éveillée à Lyon. On se réunissait dans des salons, et, chose très remarquable, c'est déjà la maîtresse de la maison qui présidait aux réunions. Le plus renommé de ces cercles était celui de *Madame du Perron. Marie Catherine de Pierrevive* était italienne de naissance, fille d'épiciers enrichis dans le commerce colonial et mariée dès 1519 à Antoine de Gondi (issu des Gondi de Florence, famille assez célèbre mais un peu appauvrie à cette époque). Il s'appelait le seigneur du Perron d'après une terre française qu'il avait achetée. En 1537 il devint échevin de Lyon.

---

[1] Le *Cortegiano* eut deux éditions lyonnaises en 1537 et 1538. cf. *Brunet* Manuel du libraire.

[2] *Hécatomphile* ce sont deux dictions grecques. . . Lyon, Juste, 1534 (autre éd. s. l. n. d.).

[3] *et que tu formes ton style quant à la (langue) grecque à l'imitation de Platon, quand à la latine de Cicéron. (Rabelais,* Pantagunel. chap. VIII.)

[4] cf. le chapitre V.

Eustorg de Beaulieu[1] qui, vers 1536, gagnait son pain à Lyon comme poète d'occasion et professeur de musique, donnait des leçons à une fille de cette famille, Madame Hélène de Gondi. Comme il était noble de naissance, il fut admis, malgré sa pauvreté, dans le salon de la mère qu'il a célébrée dans plusieurs épigrammes de ses *Divers Rapportz.*[2] Il y nomme non seulement des Lyonnais de marque comme habitués de ce cercle, mais aussi des *prélats, princes et rois.* C'était au temps où François Ier avait porté la cour à Lyon pour préparer la guerre de Provence; ces mots ne peuvent se rapporter qu'à lui et à sa famille. Madame du Perron commençait dès cette époque à s'insinuer chez Catherine de Médicis dont elle garda la confiance intime jusqu'à ses derniers jours. La protection de la reine assura la prospérité prodigieuse de la famille dont le descendant le plus illustre sera le cardinal de Retz.

Il va sans dire que sa qualité d'amie d'une reine lui valut beaucoup de compliments tant en prose qu'en vers, de ses admirateurs;[3] pourant on la connaît surtout comme ourdisseuse de cabales. Lestoille et Brantôme nous assurent qu'elle fut aussi dépravée que séduisante; nous atténuons encore l'expression employée par ce dernier quand nous la rendons par entremetteuse. Si Brantôme avait raison, si le salon le plus brillant et le plus célèbre de la société lyonnaise était présidé par une femme si vicieuse, sans aucun scrupule, ce serait là une nouvelle raison pour nous de croire que les mœurs étaient alors très relâchées à Lyon,[4] surtout en ce qui concerne les relations des deux sexes. On peut comparer Lyon et Venise à divers points de vue. Les deux villes étaient des centres du commerce international, l'administration de Venise était tout indépendante, celle de Lyon l'était très peu; les bourgeois des deux villes s'étaient très vite enrichis et aimaient à dépenser leur argent dans des fêtes brillantes. Venise était alors la ville où l'on s'amusait le mieux en Europe et nous n'avons pas besoin de détailler ces amusements. Lyon était connu dans toute la France pour son luxe excessif. Or il est bien rare qu'une société plongée dans le luxe ne connaisse point la luxure. J'ai souvent

---

[1] cf. l'article de *la France protestante.*

[2] *Beaulieu,* Eustrog. Les divers rapportz. Lyon, P. de Sainte-Lucie 1537. (Paris 1544).

[3] *Du Verdier,* Bibliothèque. Article Marie de Pierrevive. *Damoiselle lyonnaise, Dame du Perron. J'ai vu plusieurs louanges de cette dame, faite par beaucoup d'écrivains de son temps, mais je n'ai pas cognoissance de ses écrits. Elle florissait du temps du Roi François I vers 1540.*

[4] *Scio ego famosam galliarum urbem ea causa sic perversam ut vix aliqua ibi matrona pudica sit, vix filiae nubant virgines.* Passage d'une lettre *d'Agrippa de Nettesheim* qui résidait à Lyon en 1527, cité par *Moutarde,* Eugène, Etude hist. sur la Réforme à Lyon. Genève 1881.

l'impression que le platonisme lyonnais ne fut qu'une aspiration vers un idéal qu'on voyait s'éloigner de plus en plus.[1]

Une société instruite et luxueuse ne manquera jamais d'avoir sa littérature propre. Il est donc aisé de constater vers 1535 le commencement d'une deuxième période où les lettres lyonnaises se développent d'une façon plus remarquable. La littérature de ce temps, qui finit vers 1540, a un double caractère : la société bourgeoise contente ses besoins littéraires avec des vers français, les humanistes expriment leurs sentiments en mètres latins.

Clément Marot qui passe souvent par Lyon[2], et Mellin de Saint-

---

[1] Un curieux document nous permet — occasion très rare — d'être témoins d'une conversation de ce temps qui, bien qu'elle soit fictive, nous montre qu'elles furent les relations des deux sexes à Lyon, vers l'année 1520. C'est le prologue des *Prouesses de plusieurs rois* écrit à cette époque par Pierre Sala. (p. p. G. Guigue, cf. p. 9). — L'auteur se réveille par un beau matin de mai dans l'Anticaille, sa maison de campagne. Comme il ouvre sa fenêtre pour jouir de la vue splendide qu'on a de la montagne de Fourvière, il voit s'approcher trois jeune dames de ses parentes, accompagnées de leurs suivantes.

> Le temps si doulz, point ne couroit de vent,
> Si sailli hors pour venir au devant
> Les saluer; et dès qu'elles me virent
> En soubzriant très doulcement me dirent:
> „Où allez-vous, si matin, maintenant?“
> „Mais vous, dames, ainsi par main tenant
> Qui vous a meu de monter la montagne?“
> „Les grands pardons que là dessus on gagne,
> Me dit l'une, venez y avec nous
> Et nous viendrons après diner chiez vous.“
> Je accepte de bon cœur la corvée
> Et ma femme qui jà s'estoit levée,
> Très joyeux de ce gentil rencontre
> Nous accourut vistement à l'encontre.

Les quatre dames vont au sanctuaire de Saint-Irénée; le poète les attend, surveillant les préparatifs du festin. Le banquet et la joyeuse conversation ne cessent pas avant le soir.

Après le diner, les dames se retirent dans la bibliothèque où le volume „des rois“ donne à la plus jeune l'occasion de dire les éloges de François Ier. Elle admire surtout la bravoure héroïque dont il a fait preuve dans la bataille de Marignan

> „Puisque voulez sçavoir.
> „Pourquoi je ris, or sachez, pour tout voir.
> „Que passe-temps n'est nul qui tant me pleze
> „Que d'être en lieu seulette à mon eze
> „Où je puisse lire les faictz et dictz
> „Des rois passez, tant courtoys et hardys,
> „Qui n'eurent peur d'entrer parmi les dards
> „Aussi avant que leurs simples soudards
> „Et voulurent leurs corps habandonner
> „En tous perilz, pour courage donner
> „Aux combattants, comme fist notre roi
> „A Marignan en ce mortel conroy.“

Les autres dames applaudissent et ajoutent d'autres anecdotes sur la valeur du roi à celles que la première vient de raconter. Elles finissent par prier l'auteur de recueillir tous les récits sur les faits d'armes des rois depuis les temps bibliques jusqu'à l'époque moderne.

[2] cf. le chapitre III.

Gelais[1] qui y accompagne la cour dans ses nombreux séjours
fournissent les modèles de la littérature en langue vulgaire. C'est
une espèce de littérature romantique du seizième siècle; elle ré-
introduit dans la société française qui reçoit déjà les semences
de la Renaissance, l'idéal de la galanterie chevaleresque du moyen-
âge. Mais comme au moyen-âge, la poésie est dégradée à n'être
qu'un jeu de société auquel quiconque se pique de savoir-vivre ne
saurait se soustraire; c'est un simple jeu de demandes et de ré-
ponses, un échange de compliments, de bons mots et de calembours. Quiconque veut étaler son savoir, son esprit et son bon
goût, fera des vers, les femmes les toutes premières, et les poètes
de métier qui voudront faire acte de galanterie envers une femme,
ne manqueront point de publier un dizain ou un huitain de cette
dame avec leurs propres poésies. C'est de cette façon que se
sont conservés des vers de Jeanne Gaillarde dans les poésies de
Marot, de Jacqueline Stuard dans celles de Despériers. Il me
semble inutile d'ajouter que cette poésie conventionnelle, qui ne
connaît aucun élan vers la beauté ou quelque autre idéal, est
froide, fade et monotone.

De même la poésie latine qu'on cultivait à Lyon à cette époque,
a le plus souvent le caractère d'une correspondance poétique;
ce sont des billets de quelques lignes, c'est un échange de compliments et de bons mots. Mais elle connaissait aussi l'aspiration
vers un idéal: on cherchait à imiter des poètes latins de la Renaissance italienne tels que Sannazar et Marulle, on s'efforçait
même d'égaler les poètes lyriques de l'antiquité. La correspondance poétique s'étend sur tous les sujets qui peuvent intéresser
des humanistes, jusqu'à la philosophie et à la religion. On y trouve
encore des fadeurs; la monotonie en disparaît rarement; mais
on sent l'individualité qui s'en dégage, on y sent la soif de gloire
immortelle qui naît dans ces poètes; on y sent le souffle de la
liberté et de la Renaissance.

A la même époque vivait à Lyon un homme qui appartenait
par sa naissance à la société mondaine, par son instruction aux
cercles humanistes de Lyon. Il excellait dans la poésie française
et latine, et connaissait les lettres italiennes depuis sa jeunesse;
s'il y avait un homme dans la société lyonnaise qui fût capable
de lui donner une nouvelle poésie, ce ne pouvait être que lui.
Cet homme, c'était Maurice Scève.[2]

---

[1] *Revue d'hist. litt. de la France.* t. IV. p. 407. *L. Delaruelle.* „Un dîner
littéraire chez Mellin de Saint-Gelais." Cet article qui se base sur une poésie
latine de Visagier, nous donne la description très intéressante d'une réunion
d'humanistes lyonnais.

[2] Consultez sur les sources de ce chapitre: *Charléty,* Sébastien. Bibliographie
critique de l'Histoire de Lyon depuis les origines jusqu'à 1789. Lyon et Paris 1902.

CHAPITRE DEUXIÈME

LA JEUNESSE DE MAURICE SCÈVE

Malgré sa renommée extraordinaire, malgré le grand nombre de poètes et de savants qui l'ont chanté, nous ne sommes que mal renseignés sur la vie de Maurice Scève; il y a beaucoup de poètes d'importance moindre dont la vie nous est mieux connue, par des détails plus intéressants. Beaucoup de sources qui ont coulé abondamment pour la biographie d'autres hommes de la Renaissance, sont taries complètement pour qui s'efforce de dévoiler les secrets de la vie du poète qu'on appelle à juste titre le chef de l'école lyonnaise.

Différentes causes peuvent expliquer cette circonstance, en partie au moins. Voici la principale: Quiconque a étudié les poètes français du seizième siècle, sait combien ils aiment à parler d'eux-mêmes; c'est là presque toujours la source la plus abondante pour la connaissance de leur vie. Quant à Scève, il est inutile de chercher chez lui quelque chose de semblable, il représente une exception rare entre les poètes de la Renaissance française: évitant son propre nom comme un auteur classique, il n'a jamais révélé un seul fait positif de son existence.

Ce n'est pas que l'ardent désir d'immortalité qui hantait tous ses contemporains, lui ait manqué; bien au contraire, aucun ne souhaite tant que lui d'être *hors des enfers de l'éternel oubli*,[1] aucun n'a une si vive espérance *de s'entailler à perpétuité*.[2] Néanmoins tous ses ouvrages, sans aucune exception, ont été publiés sans son nom, bien que marqués de façon que personne ne saurait les attribuer à quelqu'un d'autre. Quelques-uns montrent ses initiales — M. SC. L. —, d'autres sa devise, soit celle de sa jeunesse — SOVFFRIR NON SOVFFRIR —, soit celle de son âge mûr — NON SI NON LA —; la Délie est même ornée de son portrait.

L'arrangement symétrique, j'oserais dire architectural de ses livres ne lui a guère permis d'y mettre une préface ou une postface. Point de dédicace, ni en prose ni en vers; pour toute introduction, il a mis un huitain *A sa Délie,* ou bien un sonnet *Au lecteur*. Scève n'a ajouté à aucun de ses ouvrages un „livre des amis".[3]

---

[1] *Délie* dizain 445. — [2] *Délie* dizain 284

[3] Presque chaque poète du seizième siècle faisait suivre ses vers d'un recueil de compliments poétiques d'hommes plus ou moins célèbres, recueil destiné à donner plus d'éclat à l'ouvrage dont il est souvent la partie la plus intéressante. Scève lui-même n'a pas dédaigné de donner cette aumône poétique à plus d'un jeune talent qu'il voulait encourager, à plus d'un poète dont les vers avaient besoin d'être soutenus par un nom bien-sonnant. Mais lui, le chef de l'école lyonnaise, n'acceptait rien de pareil, il n'avait pas besoin de se parer des plumes d'autrui.

La *Délie,* bien qu'elle soit une œuvre toute personnelle, ne nous fait point connaître de détails sur la vie de son auteur. Elle nous dévoile seulement les émotions du poète, ses amours, ses haines, ses idées philosophiques et politiques, son commerce avec la nature; mais la vie extérieure, les évènements de ses jours n'y trouvent point d'écho. Aussi n'a-t-il point inséré dans ses vers sa correspondance poétique comme c'était l'usage de la plupart de ses contemporains.

Scève n'a pas eu de détracteurs. Il ne s'est jamais mêlé à des querelles littéraires; le différend entre Marot et Sagon et les combats de la jeune Pléïade ne lui ont jamais arraché une parole, que nous sachions. Elles ne nous donnent par conséquent aucun renseignement sur la vie de notre poète.

Comment faut-il expliquer ce silence étrange de Scève sur lui-même? L'aurait-il gardé par excès de modestie? Ce n'est guère probable; cette qualité décadente est bien rare au seizième siècle; seuls des esprits inférieurs comme Philibert de Bugnyon, le plat imitateur de Scève, en ont été atteints. Un homme qui a une confiance si absolue dans sa gloire éternelle ne peut être soupçonné de nous cacher son nom par modestie.

J'incline plutôt à croire que c'est un certain orgueil aristocratique, mêlé à un certain amour du mystère, que nous constatons si souvent dans les ouvrages de Scève. Scève a trop de fierté, il aime trop à marcher *la tête haute, trop plus hautain que n'est l'ambition*[1] pour se faire le héraut de sa propre gloire. Il présume que ses œuvres parleront toutes seules à la postérité, qu'elles suffiront à bâtir le temple de son immortalité; inutile d'y ajouter un mot. Et puis il y aura les amis, les adorateurs, les imitateurs qui ne manqueront pas de transmettre le nom du maître aux générations futures, et de leur raconter quelle fut la vie de l'auteur de la *Délie* et du *Microcosme.*

Scève ne s'est point trompé entièrement : ses amis ont chanté sa gloire, ils l'ont couronné de roses et de lauriers ; mais aucun n'a pris le soin de nous laisser quelques notices biographiques qui nous renseigneraient sur les circonstances de sa vie, et sur le développement de ses idées. Ils n'en connaissaient peut-être point de traits qu'ils aient jugés dignes d'être transmis à la postérité.

Il y a encore un autre fait qui nous explique l'absence de documents concernant la vie de Scève. C'est le voile mystérieux qui nous cache les dernières années de son existence; personne ne connaît ni l'heure, ni le lieu, ni les circonstances de sa mort.[2]

---

[1] *Délie,* dizain 359.

[2] cf. le dernier chapitre de cette étude.

Les amis de la plupart des autres poètes du seizième siècle, leur ont dressé à cette occasion un „tombeau“ poétique, ou bien ont prononcé une oraison funèbre sur leur tombe; rien de cela n'existe pour Maurice Scève; autant de sources qui manquent pour sa biographie.

Les documents officiels qui auraient pu nous renseigner sur le chef de l'école lyonnaise, n'ont pas été favorisés par le destin. Il n'existe point de registres paroissiaux de Lyon pour les temps de Scève; ils ont été égarés probablement pendant les guerres de religion dont la ville eut beaucoup à souffrir. Des actes juridiques du seizième siècle, conservés avec soin jusqu'à l'époque de la Révolution, ont été abimés dans ce temps par un fonctionnaire maladroit. Les archives réunies des notaires lyonnais qui contiennent peut-être des documents qui pourraient élucider plus d'un point obscur, n'ont pas encore été ouvertes à des recherches scientifiques.

Il m'a donc fallu construire la biographie de Scève avec des matériaux trouvés par hasard, très modestes pour la plupart et très peu sûrs. Ils ont toutefois suffi pour extirper quelques erreurs souvent répétées par ceux qui ont parlé de notre auteur. Mais sa biographie, telle que nous la présentons aujourd'hui, est encore pleine de lacunes que nous avons dû combler tant bien que mal par des conjectures.

* *

La famille Scève n'est point d'origine italienne comme on l'a prétendu si longtemps; elle n'a rien à faire avec l'illustre maison piémontaise des marquis de Ceva.[1] Les recherches de M. William Poidebart[2] ont démontré avec certitude qu'elle est originaire de Chasseley, petit bourg du Mont d'Or lyonnais où le nom de Scève est assez fréquent dans les documents du quinzième et seizième siècle.

[1] Cette erreur est de vieille date; le premier qui en fasse mention est le père *Bullioud* dans son *Lugdunum sacro-profanum* qu'il écrivit au commencement du dix-septième siècle. L'abbe *Pernetti (Mémoires pour servir à l'histoire de Lyon. 2 vol. Lyon 1757)* assure que les Sève de son temps avaient les mêmes armes que les marquis de Ceva, et il cite toute la teneur d'un certificat de noblesse de la main de Charles-Emmanuel de Savoie, daté du 25 janvier 1620, qui fait foi de l'identité des deux familles. — Tout cela ne prouve rien; ni Charles Emmanuel ni ses historiographes ne connaissaient les sources pour établir cette identité; la fabrication de généalogies était du reste un métier fréquemment excercé et très lucratif au dix-septième siècle, et les Sève peuvent avoir acquis de cette façon des titres de haute noblesse. Au seizième siècle ils écrivaient toujours leur nom sans la particule *de,* mais avec *Sc.*

Comparez pour l'histoire postérieure de la famille de Scève: *Guichenon,* Histoire de la souveraineté de Doubes. p. p. M.-C. Guigme. Lyon 1874 et *Pernetti,* op. cit.

[2] Préface de la réédition de *Charles Fontaine:* Ode de l'antiquité et excellence de la ville de Lyon. Lyon 1889.

C'est une famille aisée et il semble que ses membres se soient adonnés, depuis une époque assez reculée, à l'étude du droit. En 1498 *honorable femme Philiberte Scève, fille du prudent Maître Jean Scève, notaire de Chasseley* contracte mariage avec *François Garin, marchand de Lyon, à la maison desditz mariés Scève, en présence de Maurice Scève, docteur-ès-lois.* C'est le père de notre poëte. Il était juge-mage[1] à Lyon, place qu'il résigna en 1517. Il fut élu échevin en 1504 et 1508. En 1515 il fut député par la ville pour porter ses hommages à François I à l'occasion de son avénement et pour obtenir confirmation des privilèges de la ville.[2] Il mourut probablement vers 1522.

Les Scève établis à Lyon demeuraient tous dans le quartier de Bourgneuf, un des meilleurs de la ville, situé près de l'église de Saint-Paul, entre la montagne de Fourvière et la Saône. Nous trouvons dans les *Nommées* de Lyon (espèce de cadastre qui date de 1515) quelques membres de cette famille dont il n'est pas toujours possible de fixer les rapports de parenté. Voici par exemple *Pernette Scève, dite capitaine des vaches* (sic) qui est propriétaire d'une maison; *Pierre Scève,* drapier, dont la maison spacieuse est estimée à une taille de 25 livres par an, et qui possède encore des maisons, vignes, terres et prés dans différentes paroisses du Mont d'Or; sa nommée est de 182 livres 15 sous. Enfin *Maurice Scève,* père de notre poëte, qui possède outre quelques immeubles de peu d'importance (tels que grange, étable, cour et jardin) deux maisons dont l'une est estimée à 1400 livres; à Ecully, il a une terre à seigle et des bois, à Anse *une maison cloze en façon d'un chasteau ou il y a grange dedans* et de plus, des terres et des maisons dans plusieurs villages du Mont d'Or. Ses meubles sont taxés mille livres.

La famille de Maurice Scève était donc riche, et même une des plus riches dans cette ville de Lyon où il y avait tant d'abondance. Son père était un grand seigneur, un des plus hauts fonctionnaires de la contrée. Il jouissait de la confiance de ses concitoyens qui le choisirent comme ambassadeur.

---

[1] *Le roy avoit autrefois un juge-mage à Lyon qu'on nommait aussi juge du ressort; c'était pour connoistre des causes d'appelation de la justice ordinaire à la royale (le P. de Saint-Aubin:* Histoire de la ville de Lyon ancienne et moderne. Lyon 1666 in fol. p. 150.)

[2] *. . . . après avoir advisé les gens plus commodes et convenables tant de messrs. les conseillers et autres, ont esté esleu et retenus Maurice Scève, docteur, Claude Laurencin, sr. de Riverie, me. François Dupré, visconte de Bayeux, Pierre Renouard et Jaques de Baileux . . . (Guigue,* Georges. Entrée de François Ier en la cité de Lyon. Lyon 1899, p. XIII). La circonstance que Scève est cité en premier lieu est une preuve de sa grande autorité. — Dans la même époque, un Jean Scève est conseiller, un Bartélemy Scève une espèce d'agent de la ville.

Aucun document ne nous a transmis la date de la naissance de notre poète, et ses œuvres ne contiennent aucune indication qui permette de la fixer avec quelque exactitude. M. J. Buche[1] suppose 1504 ou 1505; il faudra peut-être reculer cette date de deux ou trois années. Scève fait encore, il est vrai, des études en 1533 (ce qui ne veut pas dire qu'il fût étudiant), mais son portrait dans la *Délie* (1544) semble bien être celui d'un quinquagénaire, et dans le même poème il se plaint déjà des premières attaques de la vieillesse.[2] Il est possible qu'il ait vieilli assez vite, il est aussi possible que ces plaintes soient de l'afféterie. Dans le *Microcosme* enfin, en 1562, il se compare à un figuier qui

> ... regette sur l'automne
> Son second fruit, mais vert et sans saveur,

ce qui semble désigner un âge déjà très avancé. Mais tout cela est très peu exact et j'avoue qu'on pourrait aussi bien avancer la date proposée par Buche que la reculer, ce qui serait pourtant plus plausible.

Nous ne savons rien de la première jeunesse de Scève. Il est très probable qu'il connut à bonne heure le grand luxe de Lyon comme enfant d'une famille riche et influente. Les fêtes brillantes qu'on offrait alors aux princes qui séjournaient dans la ville et aux vainqueurs d'Italie, ne pouvaient pas rester sans influence sur un jeune homme, doué de sens artistique. La rue de la Juiverie, où avaient lieu les grands tournois et les joûtes, était tout près de la maison paternelle de Scève. C'était le quartier aristocratique de la ville; les Grolier, les Duchoul, les Bellièvre, les Vauzelles, les riches familles italiennes telles que les Guadagni, les Gondi et autres demeuraient dans la partie de la ville située entre la Saône et la montagne de Fourvière. Maurice Scève y respira dès sa plus tendre jeunesse l'air de la Renaissance; tout contribuait à lui donner le goût de l'humanisme, de la poésie et de la beauté.

Aucun document ne nous renseigne sur l'instruction que le juge-mage fit donner à son fils; mais quand nous voyons que le poète repand dans ses œuvres le riche trésor d'un savoir universel, et cela d'une manière bien différente de celle des autodidactes qui n'oublient jamais ce que leur savoir leur a coûté de peines, nous en concluons que son instruction dut être très soignée. Le Collège de la Trinité ne peut pas réclamer l'honneur

---

[1] *L'Ecole lyonnaise.* Article du *Salut public.* Lyon, 23 juin 1902.
[2] ... Et jà (de loin) courbe vieillesse accule.
Celle verdeur que je sentis nouvelle. (dizain 333.)
En moi saisons et âges finissants
De jour en jour découvrent leur fallace. (dizain 407.)

université italienne, peut-être à Pavie où les cours de Franciscus de compter Maurice Scève au nombre de ses élèves; il n'existait pas encore à cette époque. Le futur poète fut probablement instruit dans la maison paternelle, peut-être par son père, peut-être par un précepteur.

Cherchons surtout dans sa parenté les compagnons de sa jeunesse. Son cousin, *Guillaume Scève* (le poète latin qui correspondait avec Dolet et Boissonné) partageait probablement une grande partie de ses études; ils étudiaient tous deux le droit et restèrent des amis intimes pendant toute leur vie.

Scève sans doute connut déjà à cette époque *les trois frères de Vauzelles,* avec qui nous le verrons lié plus tard par des liens d'amitié et de parenté. *Matthieu* (mort en 1562), l'aîné, le futur beau-frère de Maurice Scève, étudia le droit à Pavie, et montra un goût prononcé pour les belles lettres. En 1517 il fut choisi par le chapitre des comptes de Saint-Jean pour être juge des serres de cette église. Cette même année, il succéda au père de Scève dans sa charge de juge-mage.[1] Nous le verrons plus tard dans les plus hautes fonctions de la province lyonnaise, protégeant toujours les poètes latins et français qui le célèbrent souvent dans leurs épigrammes.

Georges de Vauzelles (mort en 1557) était chevalier de Saint-Jean de Jérusalem et commandeur de la Torrette. Il se distingua par son courage au siège de Rhodes (1522). Après la perte de la ville, il revint en France, amenant avec lui un enfant grec de la branche des Lascaris qu'il fit instruire à ses dépens. Ce jeune homme sera le célèbre helléniste Jacques de Vintimille.

Jean de Vauzelles (mort en 1557) avait choisi la carrière ecclésiastique. Il était chevalier de l'église métropolitaine de Lyon et prieur de Montrottier. Attaché comme maître des requêtes à la cour de Marguerite de Navarre, aux comédies ascétiques de laquelle il collabora probablement, il était en même temps correspondant littéraire de l'Arétin dont il traduisit *la Genèse* (1542) et dont il voulut traduire *la Vie de la Vierge* en français; son influence sur l'universalité des lettres lyonnaises dut être énorme.[2]

Claudine et *Sybille Scève* (la première mariée à Matthieu de Vauzelles), très probablement les sœurs de Maurice Scève, sont une nouvelle preuve des aspirations de la famille vers une instruction générale et vers la poésie. Il se pourrait bien que Scève, comme Matthieu de Vauzelles, ait passé quelque temps dans une

---

[1] *Guichenon.* Histoire de la souveraineté de Dombes. tom. II. p. 34.

[2] cf. les articles de *Ludovic de Vauzelles* dano la Revue du Lyonnais, années 1870, 1872 et 1877.

de Curte (Curtius) étaient fréquentés par beaucoup de Français, peut-être à Padoue où Longueil et Simon de Villeneuve attiraient justement à cette époque la jeunesse studieuse de France.[1] Issu d'une famille riche et studieuse, ayant grandi dans un milieu qui l'attirait vers l'humanisme et les beaux-arts dont la seule patrie était alors l'Italie, comment eût-il négligé de visiter les universités de ce pays?

Ce qu'il y a de certain, c'est qu'il fit, en 1533, des études d'archéologie et de littérature à Avignon, en société d'amis italiens. Il se plaisait alors à suivre les traces de Pétrarque dont il connaissait les poésies depuis sa première jeunesse, et qu'il révéra comme son maître pendant toute sa vie.

A cette époque[2] se passe l'évènement qui nous donne la première notice directe de la vie de Maurice Scève et qui fait connaître le nom du jeune poète hors des limites de sa patrie. C'est l'histoire tant de fois répétée et discutée de la découverte du tombeau de la célèbre amie de Pétrarque, de Laure de Noves.[3] Jean de Tournes la raconte dans l'épître dédicatoire de son édition des sonnets de Pétrarque de 1545, épître adressée à Maurice Scève lui-même et qui rapporte les faits tels que le poète a dû les communiquer à l'éditeur.[4]

Voici ce qui nous paraît en ressortir. Dans ses recherches sur Pétrarque, Scève s'occupait aussi de la question de l'origine de Laure, comme quelques années avant lui le commentateur Velutello qui nous assure qu'une tradition fort répandue dans Avignon rattachait la maitresse de Pétrarque à la noble famille de Sade. Il n'y avait donc rien d'étrange à ce que Scève poussât ses recherches dans la Chapelle de la Sainte-Croix de l'église des frères-mineurs d'Avignon, où étaient les tombeaux des de Sade, pour trouver quelque vestige qui le conduisît sur le chemin cherché avec tant d'ardeur. Tantôt il était seul, et tantôt Gerolamo Manelli, gentilhomme florentin, et messer Buontempo, grand-vicaire du cardinal de Médicis et archevêque d'Avignon l'assistaient dans ses travaux.

---

[1] *Christie*. Richard Copley. Etienne Dolet. London 1880. chapitre II: Padua.

[2] C'était dans les premiers jours de 1533. La réponse de Bembo à une lettre de Barthélemy Castellano, Diacre à Avignon qui lui a demandé son opinion sur l'authenticité du sonnet trouvé dans le tombeau de Laure, est datée du 24 avril 1533.

[3] *de Sade*. Mémoires pour la vie de François Pétrarque. 3 vol. Amsterdam 1764—1767 (A. I notes à la fin du volume p. 13; t. III pièces justificatives p. 38). — *Bartoli*, Stor. lett. vol. VII. — *Körting*. Petrarcas Leben und Werke. Leipzig 1878 *Francesco d'Ovidio*. Madonna Laura. Nuova Antologia, Luglio 1888, p. 209. —

[4] Cette épitre est reproduite avec quelques mots de plus dans les éditions de Jean de Tournes de 1547 et 1550. Elle se trouve un peu abrégée dans les éditions de G. de Roville de 1564 et 1574.

Un jour il trouva dans un tombeau sans épitaphe et orné d'armoiries indéchiffables des ossements avec une mâchoire entière auprès de laquelle était une boîte de plomb. On l'ouvrit; on y trouva une médaille de bronze portant une figure de femme dans l'attitude de se découvrir le sein des deux mains, et avec la légende ·M·L·M·J· que Scève, après un peu d'hésitation, interpréta comme MADONNA LAURA MORTA JACE.[1] Il y avait en outre un morceau de parchemin avec un sonnet italien,[2] très difficile à lire parce que les lettres qui se trouvaient sous les plis avaient été effacées par le temps. Pourtant Scève réussit à les déchiffrer et il ne tarda pas à attribuer la poésie à Pétrarque, bien que tous les Italiens qui se sont occupés de cette affaire, depuis Bembo jusqu'aux plus modernes, aient jugé que le style en est très contourné et que quelques détails sont d'un goût si mauvais que le chantre de Laure ne peut en être l'auteur. Personne ne douta plus que le tombeau trouvé ne fût celui de l'amie de Pétrarque; Arquà n'était plus le seul sanctuaire où les pétrarquistes fervents firent leur pèlerinage. Même François Ier vint y faire ses dévotions littéraires en compagnie de Sadolet, lorsque en automne de la même année il passa par Avignon pour se rendre à Marseille où il eut une entrevue avec Clément VII. Le mausolée qu'il promit de faire ne fut jamais exécuté comme beaucoup

---

[1] L'interprétation *Mariam Laudate Matrem Jesu* serait peut-être plus raisonnable.

[2] En voici le texte: (copie faite par de Sade sur l'original — malheureusement perdu)

Qui riposan\quei caste e felici ossa
Di quella alma gentile e sola in terra
Aspro't dur sasso hor ben teco hai soterra
El vero honor la fama è beltà Scossa.
   Morte ha del verde Lauro svelta e mossa
Fresca radice, e il premio de mia guerra
Di quattro lustri: e più se ancor non erra
Mio penser tristo e il chiude in poca fossa.
   Felice pianta: in borgo de Avignone
Nacque e mori; e qui con ella jace
La penna, el stil, l'inchiostro e la ragione.
   O delicate membra, o viva face
Che ancor mi cuoci e struggi inginocchioni
Ciascun prieghi il Signor te accepti in pace.
                O SEXO
Morta bellezza indarno si suspira
L'alma beata in ciel vivra in eterno
Pianga il presente e il futur secul priro
Duna tal luce: ed io degli occhi e il tempo.

De Sade ajoute: *Cette copie a été faite avec attention sur l'original, je n'ai vu ces vers nulle part exactement copiés.* Pourtant il faudra lire dans les deux derniers vers: *il futur secol privo d'una tal luce;* priro n'a aucun sens. (Communication de M. E. Bovet).

de beaux projets du roi de la Renaissance; mais les vers qu'il commit à cette occasion ont été transmis à la postérité.[1]

La critique italienne est convenue de s'inscrire en faux contre la découverte du tombeau de Laure, et d'imputer tout le crime à Maurice Scève. Quelques-uns de ses arguments sont — sans être suffisants pour nous convaincre — assez accablants pour notre poète : c'est lui qui joue le rôle principal dans cette scène de la découverte qui a l'air d'avoir été arrangée; c'est lui qui a fait venir, comme il semble, Buontempo et Manelli; c'est lui qui interprète la légende de la médaille et qui déchiffre le sonnet; enfin c'est à lui que Jean de Tournes et Guillaume de Roville attribuent tout l'honneur de la découverte. Les vers trouvés dans le tombeau sont d'ailleurs faits dans la manière amphigourique de Maurice Scève; ils contiennent quelques formes stylistiques que nous retrouverons dans des poésies de lui.[2]

Pourtant je ne peux pas admettre que cette prétendue falsification ait été commise par le poète le plus célèbre et le plus aristocratique de Lyon; rien de ce que nous savons de sa vie et de son caractère ne nous permet de le croire capable d'une telle action; ce serait une dissonance criante dans l'existence de cet homme doux et probe, même dans ses travaux littéraires (scrupule assez rare dans son siècle), de ce savant auquel on ne connaît point d'ennemis. S'il y a de la mystification dans cette découverte, je crois que Scève a été trompé plutôt que trompeur. Il était jeune et riche, il faisait ses recherches avec l'enthousiasme d'un néophyte; il ne pouvait guère être chiche envers quiconque le mettait sur la bonne voie; en somme, il n'était guère difficile de le tromper:

> Las, celluy est facile à decevoir
> Qui sur aultruy crédulement s'asseure

dira-t-il lui-même dans sa *Délie*.[3] Il y avait à cette époque beau-

---

[1] En petit lieu compris vous pouvez veoir
Ce qui comprend beaucoup par renommée,
Plume, labeur, la langue et le savoir
Furent vaincus par l'aymant de l'aymée.
O gentile Ame, estant tant estimée
Qui te pourra louer qu'en se taisant?
Car la parole est toujours reprimée,
Quand le sujet surmonte le disant.

[2] surtout dans la première épitaphe de Pernette de Guillet. Comparez par ex.: *le caste e felici ossa* et *l'heureuse cendre, ses os que beauté composa;* — *quel'alma gentile e sola in terra* et *celle ame gentile en tout sçavoir et sur toute autre subtile.* Ces arguments ne prouvent d'ailleurs rien, Scève n'est pas le seul poète du seizième siècle qui ait eu un style ampoulé, et, dans l'Epitaphe de Pernette, écrite dans une circonstance semblable, il peut avoir voulu imiter le sonnet trouvé.

[3] *Délie*, dizain 222.

coup aventuriers italiens en France — littéraires et autres — qui n'auraient point reculé devant une telle manière de faire de l'argent. Et c'étaient justement les Italiens de la cour archiépiscopale d'Avignon qui étaient les plus intéressés à la possession du célèbre tombeau, du nouveau sanctuaire des pétrarquistes. En faisant faire la découverte par un savant de passage, on écartait le soupçon de l'avoir arrangée par intérêt.

Je ne crois d'ailleurs pas que les arguments de Francesco d'Ovidio nous obligent à croire à une mystification. Y a-t-il un seul fait à alléguer contre l'hypothèse, émise déjà par de Sade, qu'un ami de Pétrarque, mettons Socrate,[1] ait composé le sonnet et l'ait mis dans le cercueil de Laure?[2]

Cela ne devrait point nous étonner. Les amis de Pétrarque avaient pris l'habitude de l'admirer comme le plus grand poète et le plus grand savant; ils le divinisaient presque; Pétrarque était entré tout vivant dans l'immortalité, et cela déjà avant la mort de Laure. Il va sans dire que ses amis étendaient leur culte sur la femme qui fut presque l'unique objet de sa poésie. Ils prirent donc soin de faire connaître ses restes à la postérité qu'ils supposaient avec raison aussi enthousiaste de Pétrarque qu'eux-mêmes, et aussi soucieuse de conserver de ses reliques. Ces amis étaient des ecclésiastiques de la cour papale; rien de plus facile pour eux que de glisser une petite boîte dans un cercueil, surtout dans des temps de peste où les enterrements se faisaient avec beaucoup de précipitation. De cette façon ils croyaient suffire à leur devoir envers Pétrarque et la postérité.

S'il y avait eu falsification, on aurait affaire à des faussaires d'une habileté tout à fait extraordinaire, à des faussaires de profession beaucoup plus rares au seizième siècle qu'à l'époque actuelle. Le sonnet était très difficile à lire *perchè le lettere che si ritrovavono sui pieghi, erano dall' antiquità cancellate.* On le conserva tel quel dans l'église des frères mineurs jusqu'à l'époque de la Révolution où il fut égaré. Beaucoup de curieux l'ont examiné et même des savants comme Suarez et de Sade qui avaient l'habitude des documents du moyen-âge; aucun n'a conçu de soupçon.

L'orthographe et la syntaxe du sonnet trouvé me semblent être très archaïques, telle l'élision de la conjonction *che* dans le dernier vers devant la *coda.* Quelques formes comme *il chiude,*

---

[1] Louis de Campininia par exemple, qui, étant à cette époque à Avignon, lui fit part du décès de son amie.

[2] En admettant l'interprétation *Maria Laudate Matrem Jesu,* la médaille avec la femme en prière ne représentera qu'une amulette, dont la présence dans un tombeau n'a rien d'étonnant.

ils se rendent à Florence où Pamphile habite en effet au sein de sa famille. Le lecteur qui s'est réjoui de l'espoir d'un revoir passionné, est cruellement trompé; Flamete ne court pas voir son amant; elle va loger dans un couvent près de la ville et y exerce son style épistolaire dans une longue missive à Pamphile, lequel s'efforce dans une lettre non moins longue et non moins guindée *de luy oster la trop grand amour qu'elle lui porte;* un confesseur n'arriverait pas à écrire une épître plus „morale" et plus ennuyeuse. Flamete *en cuide mourir de dueil,* et, puisqu'il ne lui reste plus d'autre moyen, elle envoie Grimalte au palais de Pamphile pour l'exhorter à revenir à ses amours. Celui-ci l'accueille d'une façon charmante et lui parle avec beaucoup de sagesse. Après une longue conversation, Pamphile se décide enfin à aller voir son ancienne maîtresse.

Enfin les deux amants se revoient, mais Pamphile reste froid et sage malgré l'accueil chaleureux de Flamete. A toutes ses raisons de cœur, il oppose des raisons de morale égoïste et même de convenance bourgeoise, *car il n'est deliberé de la secourir.* Après une demi-douzaine de chapitres de ce dialogue pénible, Flamete épanche son cœur en maudissant sa vie qui lui semble la plus malheureuse que jamais femme ait supportée. Les consolations de Grimalte n'ont point d'effet: *la longue et tresennuyeuse vie l'avoit tant gastée et deffaicte que avecques le moindre mal qui luy en sceust venir, l'on eust peu congnoistre sa fin extreme survenir; tant que le mal luy croissoit de si grand vigueur que incontinent je la vis morte sans nul remede.* Voilà tout ce que nous apprenons de sa mort.

Grimalte fut tellement attristé par la mort de Flamete qu'il en perdit l'usage de la voix et de la vue, et qu'il resta longtemps avant de commencer sa triste complainte *à voix aigre, piteuse, tremblante et larmoyante;* et non content des marques habituelles de la douleur, *il se deciroit des ongles grosses playes en sa chair, tant que le sang couroit jusques à terre.* Après que la dame eut été mise dans un tombeau paré de riches ornements allégoriques, Grimalte veut se battre *en champ clos avec Pamphile* pour l'amour de Flamete. Mais celui-ci est si touché par la lettre de défi et il est si tourmenté par les remords qu'il se résout à se retirer dans les déserts, en digne aïeul de Don Quichotte, pour y vivre nu avec les bêtes sauvages.

Grimalte, arrivé en Espagne, près de la ville où habite Gradisse, n'ose pas se montrer à sa dame, à laquelle il demande, par une lettre, de décider de son sort. Gradisse est tellement émue par la mort de Flamete qu'elle renonce *à la voulenté d'amours qui ne cerche sinon joyeuseté.* Voilà pourquoi elle ne peut faire bon accueil à Grimalte; elle doute plus que jamais de la fidélité des hommes et va jusqu'à soupçonner Pamphile d'être retourné dans sa maison paternelle après le départ de Grimalte, pour y faire bonne chère. Après avoir reçu cette lettre où Gradisse se montre plus froide et plus cruelle que jamais, Grimalte se décide à partager la vie *austère* de Pamphile. Il le cherche *jusqu'aux extrémités du pays de l'Asie,* où il reçoit enfin de ses nouvelles; il organise une chasse avec chiens, filets et autres pièges à l'aide desquels il capture enfin le malheureux solitaire. Pamphile ressemble à une bête sauvage plutôt qu'à un homme, tant cette vie l'a changé. Aussi reste-t-il insensible tant aux morsures des chiens qu'aux raisonnements de Grimalte. Mais quand celui-ci se dépouille de ses vêtements pour partager la vie de Pamphile, l'amant de Flamete rompt son silence. Désormais les deux anachorètes de l'amour passent leur vie à se lamenter et à pleurer. Trois nuits de la semaine ils ont la vision de Flamete, que des esprits infernaux tourmentent pour ses péchés d'une manière vraiment diabolique. Le roman se termine par une lettre pleine d'amertume de Grimalte à Gradisse, dans laquelle il l'assure de son amour inaltérable et de son obéissance d'esclave.

Cette action ne tient pas la plus grande place dans *la déplourable Fin de Flamete.* Chaque chapitre est un discours soigneusement élaboré selon les recettes de la rhétorique. Tous les personnages de ce petit roman ont la manie de prouver, par la logique, des choses où le cœur seul est arbitre, et les mots „*luy démonstre par vives raisons*" se répètent d'innombrables fois Toutes ces *vives raisons* ou *grandes raisons* forment ensemble une espèce de traité psychologique de l'amour et de l'adultère qui ne manque pas de subtilité, mais dans lequel nous cherchons en vain le nom de Platon, et l'influence directe de sa philosophie; il n'y est pas question d'amour spirituel. C'est plutôt l'amour des Amadis et de tous les autres héros des romans de chevalerie, l'amour traditionnel des troubadours et des trouvères. Les remèdes contre l'amour dont il est souvent question, nous rappellent Ovide, le grand docteur-ès-sciences amoureuses des poètes du moyen-âge.

Ce roman ne nous donne pas que les idées de Juan de Flores. Dans l'*Epistre proëmiale,* Scève se rallie à la conception chevaleresque selon laquelle l'amour est un art qu'on peut et qu'on doit apprendre. Cette épître contient aussi des témoignages de la sensibilité du poète. Il parle *de la sienne experimentée tourmente d'amours* et *du perilleux guay ou les meilleurs ans de sa vie ont passé.* Il dit *qu'il a secouru tempesteuse fortune* et *qu'il a eschappé comme expert marinier en la naufrageuse mair d'amour.*

Le livre est devenu aujourd'hui extrèmement rare; le seul exemplaire dont je connaisse l'existence appartient à M. Abel Lefranc. Aucun auteur du seizième siècle n'en a fait mention, à ce que je sache, et Scève lui-même n'en parle jamais. Il est donc très probable que *La deplourable Fin de Flamete* eut un succès médiocre; quiconque se sera donné la peine d'en achever la lecture ne pourra douter du fait.

CHAPITRE TROISIÈME

LES PREMIERS SUCCÈS LITTÉRAIRES

La même année où *la déplourable Fin de Flamete* reçut un si froid accueil, apporta à Maurice Scève le premier grand succès et les lauriers du poète.

C'était pendant l'exil de Clément Marot à Ferrare. Le poète de François I" s'était fait connaitre par un nouveau genre de poésie qui convenait à la société galante de son temps par sa recherche, sa difficulté et aussi sa licence. Il avait composé *l'Epigramme du beau Tetin.*

Le succès immense que cette poésie eut malgré sa platitude et les sentiments ignobles qu'elle exprimait, est caractéristique. Non seulement ceux qui s'appelaient les élèves de Clément Marot, mais tous qui se piquaient de faire des vers, s'efforçèrent d'imiter ces fadeurs. La société lyonnaise qui s'assemblait alors dans le salon de Madame du Perron, se distingua particulièrement dans ce genre d'exercice poétique.

On appelait ces „épigrammes", d'après le mot tiré de la science héraldique qui servait depuis longtemps à désigner des poésies descriptives panégyriques ou satiriques, *des Blasons.*[1] Ces *blasons* qui scrvaient de modèle à Marot étaient pour la plupart *joyeux et récréatifs;* les imitations de *l'Epigramme du beau Tetin* l'étaient de même, au moins en grande partie. Il n'existe point de partie du corps de la femme, si cachée soit-elle, qui n'eût son

---

[1] cf. la liste des *Blasons* dans *Brunet,* Manuel de Libraire.

blason. Mais il y eut aussi des poésies d'un caractère plus sérieux, plus abstrait, sentimental même. La plupart de celles-ci
semblent sortir du milieu lyonnais, où l'italianisme avait eu pour
conséquence plus de civilité et moins de gauloiserie.

A côté de *Matthieu de Vauzelles* qui chanta les cheveux,
Mellin de Saint-Gelais, un peu plus sentimental et moins charnel
déjà, composa le *blason des cheveux coupés* et *de l'œil,*[1] chanté
aussi par *Antoine de Héroët. Eustorg de Beaulieu* célébra le nez,
la joue, la langue, les dents et la voix: c'était justement dans la
période de son séjour à Lyon, où il connut toutes les libertés du
cercle de Madame du Perron; sur le tard il en eut le repentir
au point de devenir ministre protestant. *Michel d'Amboise* chanta
la dent, *Victor Brodeau* la bouche, et ainsi de suite; il serait trop
long de nommer tous ces versificateurs et leurs productions.
Maurice Scève, qui se montra le plus abstrait et le plus décent
de tous ces poètes déjà dans ses premiers vers, fit les *Blasons
du Front, du Sourcil, de la Larme, du Soupir et de la Gorge.*

On résolut d'envoyer tous ces vers à Ferrare pour les faire
juger soit par Clément Marot, soit par les dames françaises qui
avaient accompagné Renée de France en Italie. Et, en effet, il
est assez intéressant de le constater: ces dames qui se plaisaient
surtout à des disputes théologiques, qui aimaient la compagnie
du tant sévère Calvin, ces dames qui avaient appris à connaître
le platonisme et l'art italien, se constituèrent en tribunal littéraire
pour juger des poésies grivoises, ordurières même. Renée de
France présidait elle-même le concours et, comme on pouvait s'y
attendre de la part d'une princesse si vertueuse, confite en doc·
trine platonique et prédisposée à un art sérieux, elle accorda le
laurier poétique à celui qui avait chanté le *Blason du Sourcil,* à
Maurice Scève.[2] Marot approuva le jugement de la duchesse bien
qu'il ne connût pas le jeune auteur même de nom.

Les blasonneurs réunirent leurs productions et les publièrent
l'année suivante à Lyon, chez François Juste, sous le titre de *Fleur
de Poésie françoise,* à la suite d'une traduction française de l'*Hé·
catomphile* de *Léon Battista Alberti,* avec laquelle elles forment

---

[1] Marot, dans l'*Epître à ceux qui après l'épigramme du beau tetin en feirent
d'autres,* se plaint de ce que Saint-Gelais ne prit point part au concours des Blasons. Comme je n'ai à ma disposition que l'édition de Méon (1807), il m'est impossible de résoudre cette contradiction.

[2] cf. le passage suivant de la même épître de Marot:
  Mais du Sourcil la beauté bien chantée
  A tellement nostre cour contentée,
  Qu'à son auteur nostre Princesse donne
  Pour ceste foys de laurier la couronne
  Et m'y consens, qui point ne le congnois,
  Fors qu'on m'a dit que c'est un Lyonnois.

un seul volume. Le fait de voir accouplées paisiblement une œuvre pleine de doctrines platoniques sur l'amour, la beauté et la vertu, et des poésies qui ne sont pour la plupart que des obscénités rimées sans grâce et sans esprit, dépourvues de cet humour qui nous fait goûter celles de Rabelais, est très caractéristique pour la société lyonnaise de cette époque. L'*Hécatomphile* et les *Blasons* étaient destinés au même public — je ne crois pas me tromper, quand je dis surtout à des femmes —; et ce public goûtait à la fois ces deux genres de productions littéraires qui semblent s'exclure.

Les *Blasons* de Maurice Scève sont presque les seuls du recueil qui ne contrastent point avec *l'Hécatomphile*. Ce ne sont point des chefs-d'œuvre; mais ce ne sont pas non plus des poésies indécentes. Pour donner un modèle de ce genre poétique, voici le plus court des Blasons de Scève, *le Blason du Front*:

> Front large et haut, front patent et ouvert,
> Plat et uni de beaux cheveux couvert,
> Front qu'es le cler et serein firmament,
> Du petit monde, et par son mouvement
> Est gouverné le demeurant du corps,
> Et à son vueil sont les membres concors;
> Lequel je voy estre troublé par nues,
> Multipliant ses rides très menues,
> Et du cousté qui se présente à l'œil
> Semble que là se lière le soleil.
> Front eslevé sur ceste sphère ronde
> Où tout engin et tout sçavoir abonde,
> Front révéré, front qui le corps surmonte
> Comme celuy qui ne craint riens fors honte,
> Front apparent, affin qu'on peust mieux lire
> Les loix qu'Amour voulut en lui escrire,
> O Front, tu es une table d'attente
> Où ma vie est et ma mort très patente.

N'y a-t-il pas déjà dans cette brève pièce une grande partie des qualités et des défauts de la poésie de Scève, que nous constaterons plus tard dans la *Délie?* Voilà déjà cette manière de ne pas s'attarder à la despription d'objets matériels, cette préoccupation psychologique du *vueil*, de *l'engin* et du *sçavoir*, cette noblesse des sentiments *qui ne craint riens fors honte*, cette influence que les effets de lumière — *le ciel troublé de nues* et *le lever du soleil* — exercent sur l'âme du poète, preuve d'un sentiment tout moderne de la nature; voilà aussi les réflexions sur *les loix d'Amour* qui feront encore le sujet de beaucoup de vers de notre auteur. Il n'y a rien qui nous blesse dans ce blason — chose très rare dans ce genre — à l'exception de ce terrible lieu commun du dernier vers.

Dans les autres blasons de Scève, nous trouvons des qualités littéraires qui ne diffèrent pas beaucoup de celles que nous venons de noter. Parcourons per exemple *le Blason du Sourcil* qui lui a valu le laurier poétique. Il est plus criblé de lieux communs que le précédent; le sourcil nous y est peint comme dans toutes les descriptions de beauté féminine du seizième siècle:

> traictif, en vouste fléchissant
> Trop plus qu'hébène ou jay noircissant . . . .

> Sourcil sur qui Amour print le pourtrait
> Et le patron de son arc qui attraict
> Hommes et Dieux à son obéissance . . . .

Mais la description matérielle du sourcil ne comprend que peu de vers; la plus grande partie de la poésie s'occupe de l'influence qu'il exerce sur le pauvre amant.

> Sourcil qui rend l'air clair, obscur soudain,
> Quand il froncist par yre ou par desdain,
> Et puis le rend serein, clair et joyeux
> Quand il est doux, plaisant et gracieux . . . .

> Sourcil assis au lieu haut pour enseigne
> Par qui le cœur son vouloir nous enseigne,
> Nous découvrant sa profonde pensée
> Ou soit de paix ou de guerre offensée . . . .

Malheureusement Scève ne craint pas le calembour plat, funeste héritage des grands rhétoriqueurs, quand il lui vient à point. Dans ce genre, des banalités fastidieuses lui semblent bien mériter ses efforts:

> Sourcil, non pas *sourcil,* mais un *soubz ciel*
> Qu'est le dixième et superficiel,
> Où l'on peut voir des estoilles ardentes. . . . .

et voilà l'astrologie qui se mêle à la poésie de Scève, comme plus tard dans la *Délie,* par imitation sans doute de Pétrarque.

Certes, le *Blason du Sourcil* est le plus platonique de tous, il contient les compliments les plus sérieux à l'adresse du sexe féminin dont le pouvoir et la vertu paraissent être hors de doute. On comprend facilement que Renée de France et les dames de sa cour lui aient décerné le premier prix.

Dans le *Blason de la Larme,* le poète décrit comment celle-ci descend *coye et lente* sur la face et entre les seins

> Lieux prohibez comme sacrez et saints.[1]

---

[1] Qu'on compare ce vers avec les grivoiseries de l'*Epigramme du beau Tetin!*

Elle est le gage le plus certain d'*amytié* (le mot est synonyme
d'amour comme dans toutes les poésies du cercle lyonnais)

> Larme qui peut yre, courroux, desdain
> Pacifier et mitiger soubdain,
> Et amollir le cœur des inhumains . . . .
>
> O liqueur sainte, ô petite larmette
> Digne qu'aux cieux, au plus haut ou te mette,
> Qui l'homme à Dieu peux reconcilier
> Quand il se veult par toy humilier . . . .

En finissant, Scève nous inonde d'un de ces torrents de lar-
mes amoureuses qui reparaîtront plus tard au milieu des pages
les plus ardues de la *Délie.*

> O larme espaisse, ô compagne secrette
> Qui sais assez, comme Amour me traicte,
> Lors de mes yeulx, non pas à grande pleins seaux,
> Mais bien descends à gros bruyantz ruisseaulx,
> Et tellement excite ton pouvoir
> Que par pitié tu puisses émouvoir
> Celle qui n'a commisération
> De ma tant grande et longue passion.

Nous voilà bien arrivés sur la terre du pétrarquisme. L'amour
d'un vrai poète ne peut être que malheureux, la dame sera toujours chaste et cruelle; impossible d'émouvoir la dureté de son
cœur, les vers du poète ne la toucheront jamais et ses soupirs
moins encore. Ce sont là les idées que Scève exprime aussi
dans *le Blason du Souspir,* où il chante ses tourments qui *tous
autres maux excèdent.*

> Où allez-vous, souspirs, quand vous sortez
> Si vainement que riens ne rapportez
> Fors un désir de toujours souspirer,
> Dont le poulmon ne peult plus respirer?

Scève ne nous fait point grâce du lieu commun pédantesque
qui conçoit les soupirs comme la fumée du feu amoureux.

> Alors qu'on voit fumer la cheminée
> L'on peut juger par signes évidentz
> Qu'il y a feu qui couve là-dedans;
> Et quand souvent je sanglote et souspire
> Que dans mon corps le feu croit et empire,
> Souspirs qui sont le souef et doux vent
> Qui va la flambe en mon cœur émouvant . . . .

Même *le Blason de la Gorge* n'incite jamais le poète à des
indiscrétions. Scève nous y parle seulement de sa loyauté, de

sa dévotion devant cette *gorge yvoirine* qui continue la beauté
et la blancheur de la face devant laquelle il a fait

> Maint sacrifice et mainte oblation
> De ce mien cœur qui ard sur son autel
> En feu qui est à jamais immortel,
> Lequel j'arrouse et asperge de peurs
> Pour eau bénoiste, et pour roses et fleurs
> Je vay semant gémissements et plaincts
> De chants mortels environnés et pleins,
> En lieu d'encens des souspirs parfumez,
> Chauds et ardents, pour en estre allumez.

Il est important de noter que Maurice Scève manifeste dans
ces *blasons* déjà toute son individualité poétique. Il est encore
disciple de Clément Marot, surtout pour la forme; mais il n'est
pas un plat imitateur. Il se distingue des autres blasonneurs par
une sévérité tantôt idéale et sereine, tantôt pédante, par une pré-
ciosité sentimentale excessive, et même fastidieuse. Sa versifi-
cation est facile et peut soutenir la comparaison avec celle de
Marot; le style n'a pas les duretés de celui d'un novice, et on
croit avoir affaire à un poète ayant déjà quelque expérience. C'est
que les *blasons* ne sont pas antérieurs à tous les dizains de la
Délie. Si nous suivons les allusions historiques de cet ouvrage,
nous arrivons à la conclusion, que toute la première centaine de
ses dizains ont été composés avant le concours des *blasons,* ou
tout au moins à la même époque.

Ces concours poétiques amusaient beaucoup, semble-t-il, Renée
de France et sa cour. Marot eut l'idée de la surprendre par un
nouveau tournoi, plus *joyeux et récréatif* encore, il le proposa à
ses disciples dans l'*Epître aux Blasonneurs* que nous avons déjà
citée à plusieurs reprises. La tâche de chaque poète était cette
fois de dire tout le mal possible d'une partie du corps féminin, sup-
posée laide, dans une parodie des premiers blasons, surtout des
siens propres, et de brûler ce qu'il avait adoré. Ce n'était donc
pas un concours du beau dans la poésie, mais du laid et du gro-
tesque. Le titre de *Blason* ne convenant plus à ces poésies de
genre satirique, ou les appela des *Contre-Blasons.* Marot en donna
de nouveau le modèle: l'*Epigramme du laid Tetin* qu'il joignit à
son épître.[1]

---

[1] *Marot. Epître aux Blasonneurs :*
> Or, chers amys, par manière de rire
> Il m'est venu volunté de descrire
> A contrepoil un tetin que j'envoye
> Vers vous, affin que suiviez ceste voye.

La plupart des Blasonneurs acceptèrent avec joie cette nouvelle occasion de faire briller leur esprit, leur humeur gauloise et leur talent de versificateurs; le nombre des *Contre-Blasons* est presque aussi grand que celui des *Blasons*. Mais le concours lui-même n'eut pas lieu; Marot qui ne se sentait plus en sûreté à Ferrare, quitta précipitamment cette cour hospitalière. Les *Contre-Blasons* furent néanmoins recueillis et publiés dans l'édition de 1550 des *Blasons et Contreblasons du Corps féminin* et dans les éditions suivantes.[1]

Le nouveau genre ne correspondant pas à la haute conception que Maurice Scève s'était faite de la poésie, il ne prit point part à ce deuxième concours. Il avait jugé que les *Contre-Blasons* ne seraient qu'une baliverne et que ses vers sérieux s'y seraient prêtés très mal. Il n'était pas homme à faire de telles poésies, lui, de qui les *Blasons* étaient presque les seuls à chanter la beauté à un point de vue idéal.[2]

A la même époque, Clément Marot eut à vider sa querelle avec Sagon.[3] Les coups tombaient drus et menus des deux côtés; chacun des deux poètes cherchait à rabaisser non seulement son adversaire mais aussi les disciples de celui-ci. A travers la

> Je l'eusse painct plus laid cinquante foys,
> Si je l'eusse peu: tel qu'il est toutesfoys,
> Protester veulx, affin d'éviter noyse,
> Que ce n'est point un tetin de Françoise,
> Et que voulu n'ay la bride lascher
> A mes propos pour les dames fascher:
> Mais voulentiers, qui l'esprit exercite,
> Ores le blanc, ores le noir récite :
> Et est le painctre indigne de louange
> Qui ne sçait paindre aussi bien Diable qu'Ange.
> Après la course il faut tirer la barre :
> Après bémol, il faut chanter bécarre.
> Là donc, amys, celles qu'avez louées,
> Mieux qu'on ma dict sont de beauté douées,
> Parquoy n'entends que vous vous desdisiez
> De beaux blasons à elles desdiez :
> Ains, que chacun le rebours chanter vueille
> Pour leur donner encores plus grand fueille :
> Car vous sçavez qu'à gorge blanche et grasse
> Le cordon noir n'a point maulvaise grace.

Je cite Marot d'après l'édition de Guillaume le Bret, Paris 1547.

[1] cf. les éditions des *Blasons* dans *Brunet*, Manuel du libraire.

[2] Scève n'était pas le seul poète qui ne trouvât point les *Contre-Blasons* de son goût. Son ami Matthieu de Vauzelles comprit aussi que ce serait passer les bornes, et, au lieu d'écrire un „Contre-Blason des Cheveux" il composa un *Blason de la Mort*. Gilles Corrozet publia même un *Blason contre les Blasonneurs*. La critique que le poète latin Visagier (Vulteius) leur adressa est plus bénigne :
Ad poetas Gallos qui muliebria membra laudarunt
Faemina quid vestra depingitur arte poetae ?
Depingi vivo nullo colore potest.

[3] *Voizard.* De disputatione inter Marotum et Sagontum. Thèse. Paris 1885. *Bonnefon.* Du différend entre Marot et Sagon. Revue d'hist. litt. I. p. 104.

mêlée on voit que la renommée de Maurice Scève avait été de
beaucoup augmentée par la couronne de laurier que Renée de
France avait envoyée au jeune poète lyonnais. Une année auparavant Marot ne le connaissait pas même de nom; maintenant il
parle de lui dans l'*Epitre de Frippelippes* comme d'une autorité
dont on aurait à craindre le jugement.

> Je ne voy point qu'un sainct Gelais,
> Un Héroët, un Rabelais,
> Un Brodeau, un Scève, un Chappuy
> Voysent écrire contre luy. (contre Marot)

Sagon le respecte aussi et se garde bien de s'attirer un tel
ennemi, ce qui prouve que la renommée de Scève n'était plus
locale à cette époque, mais qu'elle s'étendait jusqu'au nord de la
France, jusqu'à Rouen:

> Je ne veux pas rabaisser les crédits
> Des excellents par toi nommez et dits,
> De Saint Gelais, Héroët, Chappuis, *Scève;*
> Ces quatre ici ne sont fols étourdis
> Comme ton maître obstinés et médits
> Dont en esprit le mien en douleur grève.[1]

Les défenses de Marot avaient paru toutes deux à Lyon:
Bonaventure Despériers et *Charles Fontaine* avaient pris la plume
pour défendre leur maître absent contre les furieuses attaques de
Sagon. Lyon parait avoir été à cette époque la forteresse de
Marot contre les assauts du nord de la France, l'égide de la littérature nouvelle, d'allures un peu hérétiques, contre les vieux rhétoriqueurs pédants et scolastiques.

Mais bien que les vers de Frippelippes aient l'air d'être une
exhortation de Marot à Scève de l'assister dans le combat, celui-ci
observe cette sage réserve qui est une des qualités principales
de son caractère. Il ne prend point parti dans cette lutte qui
ressemble plus à un échange d'injures qu'à une querelle littéraire.

Cette même année 1536, François Ier se trouvait être dans
des circonstances politiques telles qu'il n'avait rien à craindre ni
de la cour papale ni de Charles-Quint, et il relâcha par conséquent la bride aux évangéliques. Clément Marot reçut la permission de rentrer en France, à la condition cependant de faire
amende honorable et d'abjurer publiquement toute hérésie. Pour
blesser le pauvre poète au vif, on résolut de donner ce spectacle à ses amis lyonnais, et de réjouir par ce triomphe le cardinal de Tournon, le plus cruel et implacable persécuteur d'hé-

---

[1] *Le Rabais du Caquet de Frippelippes* cité par Bonnefon. Rev. h. l. I p. 131.

rétiques qu'il y eût alors en France. Marot chercha à fléchir sa dureté par un long panégyrique.[1]

Mais les Lyonnais eurent le plaisir de faire fête au poète, qui, de son côté, n'avait point oublié les marques d'amitié et d'admiration qu'il avait reçues de Lyon pendant sa disgrâce et son exil à Ferrare. Il était heureux de retrouver de vieux amis, tels que Victor Brodeau. Il plaignit la mort de Claude Perréal, fils de l'architecte et peintre Jean Perréal, dans un rondeau adressé à ses sœurs et à ses amis. Il était fêté dans la société humaniste de Lyon et chantait à son tour ses amis Etienne Dolet et Bourbon de Vandœuvre. Un jour il invita à dîner trois poètes: Boissonné, Villas et la Perrière.

Ce qui l'attirait surtout à Lyon, c'était la société mondaine de cette ville, ses femmes si gaies et si instruites, fières de savoir répondre en vers aux compliments rimés du célèbre poète. Clément Marot fut ainsi une célébrité des salons lyonnais et les faveurs ne lui manquèrent point. *Une Epigramme à une Dame de Lyon* qui se trouve dans ses œuvres, contient une invitation très hardie, et la *Responce de ladicte Dame* est bien engageante. Une autre épigramme est adressé *à deux Sœurs Lyonnoises*[2], auprès desquelles il s'excuse de ne pouvoir leur rendre une visite.

Il sut se faire une amie plus intime — *Jeanne Gaillarde*[3] — avec qui il entretint toute une correspondance poétique. Dans un rondeau il la compare à Christine de Pisan pour son instruction, son éloquence et sa veine poétiqué. La réponse de la belle poétesse est très humble et pleine d'admiration pour l'illustre auteur. Dans une épigramme, il la désigne comme le bijou le plus rare de Lyon, ville qu'il chante en dithyrambes emphatiques. Pourtant j'ose exprimer le soupçon que Jeanne Gaillarde ne fut qu'une courtisane; elle n'appartenait point à une des familles connues, qui auraient pu donner à leur fille une instruction aussi vaste. Le nom de „Gaillarde“ est en lui-même assez significatif, surtout au féminin, et, sans la désignation de „Dame“ ou de „Damoyselle“ il est moins un nom de famille qu'une épithèté telle qu'on en donnait alors aux courtisanes. Mais ce n'est qu'une hypothèse qu'il serait aussi difficile de prouver que de rejeter; nous reviendrons du reste là-dessus quand nous parlerons des autres femmes poètes de Lyon.

---

[1] *Epître à Monseigneur le Cardinal de Tournon, Marot retournant de Ferrare à Lyon.*

[2] Peut-être Claudine et Sibylle Scève. Marot a composé encore des *Estrennes* pour *Jeanne Scève* et *Jeanne Fay*, Lyonnaises.

[3] Montfalcon prétend avoir retrouvé un recueil manuscrit des poesies de Jeanne Gaillarde; je ne sais pas ce qu'elles sont devenues. Hist. mon. p. 105.

C'est sans doute à cette occasion que Marot fit enfin la connaissance personnelle de Maurice Scève qui était entré en correspondance avec lui depuis une année environ. Le huitain qui en fait foi[1] nous semble être la preuve d'une amitié assez intime. Nous voyons que Scève était, comme la plupart des membres de la société mondaine de Lyon, excellent musicien, en théorie et en pratique, et qu'il voulait déterminer Marot à cultiver sa voix.

Marot était enchanté de son séjour à Lyon, où on l'avait tant fêté et où il avait retrouvé le sentiment de lui-même après les grandes humiliations subies. Il n'oubliera jamais l'hospitalité lyonnaise; en pauvre poète il ne saura la payer autrement que par des vers dont il n'est pas chiche. Dans une des meilleures épitres qu'il ait écrites, il fait ses adieux à la ville :

> Adieu Lyon qui ne mords point,
> Lyon plus doux que cent pucelles...

Il se souvient de tous les biens qu'il a reçus durant son séjour:

> Tant d'honneur et tant de bonté
> Que voluntiers diroys combien
> Mais il ne peult estre compté.

Il remercie les belles dames du charme qu'elles ont exercé sur lui, les vieillards *„toujours amoureux de vertu"* de leur bon exemple, les citoyens de leur hospitalité, les *„enfants" pleins de sçavoir* de leur zèle pour sa Muse. En quittant Lyon où il s'est tant amusé, il fait ses adieux à la jeunesse; il voit l'avenir en gris. Dans la première strophe, il se souvient de son abjuration publique qui le tourmente toujours, et le congé qu'il prend du Cardinal de Tournon est une satire mordante mais habilement cachée, comme on s'en permet contre un ennemi assez puissant pour vous écraser :

> Va, Lyon, que Dieu te gouverne,
> *Assez longtemps s'est esbattu*
> *Le petit chien en ta caverne*
> *Que devant toy on a battu.*
> Finablement pour sa vertu,
> Adieu des foys un million
> A Tournon de rouge vestu,
> Gouverneur de ce grand Lyon.

---

[1] *A Maurice Scève, Lyonnois*
En m'oyant chanter quelquefoys
Tu te plaings qu'estre je ne daigne
Musicien, et que ma voix
Mérite bien que l'on m'enseigne,
Voyre que la peine je preigne
D'apprendre ut re my fa sol la.
Que Diable veux-tu que j'appreigne ?
Je ne bois que trop sans cela.

Ce n'est pas dans ces seuls vers que Marot chante la ville de Lyon et les grandes qualités de ses citoyens.[1] Aucune ville de France n'a laissé tant de traces dans l'œuvre de ce poète, aucune n'a joué un rôle si important dans sa vie : Lyon fut en effet la capitale littéraire de la France dans la première moitié du seizième siècle.

Marot passa encore différentes fois par Lyon, mais aucun de ses séjours ne peut être comparé à celui de 1536 ni pour sa durée, ni pour sa splendeur. Il y retourna en 1537 et 1538, il s'y arrêta en interrompant son départ précipité de la France vers la fin de l'année 1543. Nous avons rapporté à son premier séjour toutes les poésies de Marot relatives à Lyon, il se peut bien que l'une ou l'autre ait été composée lors d'un séjour postérieur. Mais ces vers ne donnent aucun indice nous permettant de les dater d'une façon définitive, à l'exception de deux ou trois qui sont certainement de 1536. Quant aux autres, la plus grande probabilité est pour le même séjour, qui fut, nous le répétons, le plus important à tous les points de vue.

Pour terminer l'histoire des relations de Clément Marot avec les Lyonnais, nous avons passé sur un évènement qui est de la plus grande importance pour la vie de Maurice Scève, et qui eut lieu dans la même année 1536.

A cette époque, François Ier préparait les campagnes de Piémont et de Provence contre Charles-Quint. Comme d'habitude, il fit de Lyon le centre de ses opérations militaires, ce qui l'obligea à des séjours prolongés dans cette ville; il y vint une première fois le 17 février, une seconde du 20 mai au 4 août, avec de brèves absences. Il fondait les meilleures espérances sur la nouvelle guerre et il rendit son séjour aussi agréable que possible; sa cour se plaisait autant que lui dans la ville qui était devenue la seconde capitale. Le roi ne dédaigna pas de fréquenter les salons lyonnais; si Eustorg de Beaulieu parle de rois et de princes qui étaient à cette époque les habitués du cercle de Madame du Perron, il ne peut être question que de François Ier et de sa famille. Le roi comblait de faveurs les habitants de Lyon, comme

---

[1] cf. encore un *Epigramme de la ville de Lyon.*

On dira ce que l'on vouldra
Du Lyon et de sa cruauté :
Toujours ou le sens me fauldra
J'estimeray sa privauté :
J'ay trouvé plus d'honnesteté
Et de noblesse en ce Lyon
Que n'ay pour avoir fréquenté
D'autres bestes un million.

avait coutume de le faire dans les moments où il était de bonne humeur.

Le 31 mars, il signa un édit de grâce pour les hérétiques auxquels il fut permis dorénavant de rentrer en France après une abjuration publique de leurs prétendues erreurs — c'est le même qui mit fin à l'exil de Marot. La protection que le monarque accorda à l'industrie des soies nouvellement établie à Lyon, est une des causes principales du développement prodigieux qu'elle eut à partir de ce moment. Les littérateurs de Lyon eurent aussi à se réjouir de l'humeur clémente du roi. *Etienne Dolet* reçut à cette occasion la permission d'imprimer ses *Commentaires de la Langue latine,* à quoi ses ennemis s'étaient opposés si longtemps avec tant de succès.

Les poètes lyonnais chantaient François Ier en vers enthousiastes ; nous avons des raisons de croire que Scève a composé à cette époque les dizains de la *Délie* qui célèbrent le roi de la Renaissance.

> Ce ciel de soy communément avare
> Nous a cy-bas heureusement transmis
> Tout le hault bien de parfection rare
> Duquel il s'est totalement desmis
> Comme qui veult ses chers et saincts amis
> D'aulcun bienfaict haultement prémier.
>   Car il a plu (non de ce coustumier)
> Toute vertu en ces bas lieux terrestres
> Soubz ce grand Roy, ce grand *Françoys premier*
> Triumphateur des armes et des lettres.[1]

Mais un évènement bien triste fit perdre l'espoir au roi et remplit son âme de désolation.

Pendant qu'il était à Valence, vers le commencement du mois d'août, pour se rapprocher du théâtre de la guerre, c'est-à-dire de la Provence, on vint lui porter la nouvelle que celui de ses fils qu'il aimait le plus, le dauphin François, était décédé à Tournon, le 10 août, à l'âge de 18 ans.

Résumons en peu de mots l'histoire de cette mort qui faucha le meilleur espoir de la France. Le dauphin avait joué à la paume avec sa suite de jeunes seigneurs, à Tournon, par une journée d'août sous le soleil brûlant de la Provence. Comme il était échauffé à n'en pouvoir plus, il but trop avidement de l'eau froide, dans un moment de repos, ce qui provoqua une maladie subite qui l'enleva en quatre jours. Toute la France honora des plus vifs regrets ce jeune prince aimable et intelligent ; il ressemblait à son père, étant bon soldat et hardi cavalier, aimant

---

[1] *Délie*, dizain 252.

aussi les femmes avec lesquelles il avait commis des excès qui avaient affaibli son corps et donné beau jeu à la maladie.[1]

On ne voulut pas croire à la mort naturelle d'un prince qui était l'espoir de la patrie. Son échanson, Sébastien de Montecucculi, gentilhomme de Ferrare, qui lui avait présenté le funeste verre d'eau, fut arrêté, et comme ou trouva chez lui un traité sur les poisons, la torture lui arracha tous les aveux qu'on désirait. Ne répétons pas les soupçons dont on offensa à cette occasion Charles-Quint et Catherine de Médicis.

L'affaire fut jugée à Lyon; un arrêt du 7 octobre[2] condamna le malheureux gentilhomme italien à être écartelé. François I*r se résolut à arranger l'exécution avec le plus grande faste possible pour donner à l'Europe le spectacle de sa vengeance. Tous les princes et princesses du sang, tous les prélats, tous les ambassadeurs et seigneurs étrangers y furent commandés, toute la haute bourgeoisie de Lyon y assista. Et tous supportèrent fort bien ces atrocités, à l'exception de la reine de Navarre qui se jeta sur le sein de son royal frère pour se soustraire au spectacle degoûtant auquel on l'avait fait assister malgré elle.

Les poètes français n'étaient pas les moins attristés par la mort du dauphin François, qui était *d'une bonne nature et vraiment royale, bien fondé en toute vertu héroïque* et *studieux et amateur de toutes bonnes sciences et arts libéraux.*[3] Il avait la réputation d'être *doux et gracieux, sage et modeste.*[4] Marot préférait, pendant son exil de Ferrare, en appeler à la grâce et à la bonté du dauphin François, plutôt qu'à la clémence du roi pour obtenir un sauf-conduit qui lui permit de rentrer en France.[5] Le roi lui-même, quand il apprit la mort de ce fils, donna son caractère en modèle à ceux qui lui restaient et qui n'avaient pas les mêmes qualités chevaleresques, ni les mêmes goûts littéraires. Henri surtout, qui lui succéda comme dauphin, était connu pour son indolence et son intelligence médiocre. On avait espéré que le dauphin François serait un jour le véritable roi de la Renaissance, titre que son père est loin de mériter complètement; les savants

---

[1] *Guiffrey*, Georges. Chronique du roy François premier de ce nom. Paris 1860, tome 8, p. 184—86. — *Brantôme*, œuvres, éd. Lalanne. t. III p. 173 ff. (Procès verbal de l'autopsie du dauphin: Appendice du même volume, p. 446). *Guillaume du Bellay* Mémoires. livre VII. année 1536. p. 395. — *Promptuaire des Médailles.* Lyon. G. Roville 1575, seconde partie, p. 258. Portrait et biographie du dauphin François.

[2] *Capefigue* François I*r. Paris 1845. vol. IV. p. 100 : texte de l'arrêt.

[3] *Promptuaire des Médailles.* t. II. p. 258.

[4] *Brantôme*. t. III. p. 174.

[5] *Marot. Epître à Monseigneur le Dauphin. Du temps de son dil exil.* Cette épître ne peut guère s'adresser à Henri qui n'était pas connu comme protecteur des poètes. Elle est écrite probablement quelques jours après la mort du Dauphin, dont Marot n'avait pas encore la nouvelle, étant à Venise.

et les poètes de la France perdaient avec lui leurs meilleures espérances.

On ne s'étonne donc guère du grand nombre de poésies qui déplorèrent l'évènement dont nous venons de parler. Les écrivains de renommée aussi bien que la poésie populaire rivalisèrent à exprimer leurs condoléances à la France et à son roi.[1] Les poètes et les humanistes lyonnais avaient été les plus rapprochés de la catastrophe; c'était dans leur ville que l'exécution solennelle eut lieu. Ils ne laissèrent point passer cette occasion d'exprimer leurs regrets au roi et de sacrer la fête de sa vengeance par l'élévation de la poésie.

Etienne Dolet qui était depuis deux ans à Lyon, employé comme correcteur par divers imprimeurs, recueillit, trois mois plus tard, tous les vers sur la mort du dauphin qu'il put ramasser; des épigrammes, des épitaphes, des déplorations et des églogues en latin et en langue vulgaire; il en fit un petit volume, imprimé chez François Juste, éditeur plutôt populaire que savant. Pourtant c'est presque une édition de luxe, destinée probablement à être présentée au roi et à ses seigneurs; le papier est de la meilleure qualité et les caractères sont d'une taille très soignée.[2]

Nous voyons défiler dans ce petit livre toute la société humaniste de Lyon et ce qu'elle comptait d'amis en France. Des vers latins de Dolet sont les premiers du recueil; Claude Fournier, Jean Visagier, Nicolas Bourbon, Gilbert Ducher, Jean des Gouttes sont les principaux Lyonnais qui y ont ajouté les leurs; Pierre Castellanus, H. Appianus, Guillaume Mellier, Salmon Macrin, F. Piochet, Jean Canappe, Mellin de Saint-Gelais et Antoine du Moulin — voilà les noms des poètes d'autres provinces de la France qui y ont participé, et dont les trois derniers surtout sont connus pour avoir eu des relations suivies avec la société lyonnaise. Mais la part du lion dans ce petit livre appartient sans aucun doute à Maurice Scève, qui y a fait ses débuts dans la poésie latine, et à son cousin Guillaume.

Dans la première partie du recueil qui contient les vers latins, Etienne Dolet a laissé le deuxième rang à Maurice Scève, se réservant à lui-même le premier. Cette première poésie latine de

---

[1] *Michel d'Amboise.* Déploration de la mort de Françoys de Valoys, jadis daulphin de France... avec deux dixzains dudict seigneur, par Lesclave fortuné (sans lieu ni date, probablement Paris 1536). — *Hugues Salel.* Une églogue. Œuvres. Paris 1536. — *Bonaventure Despériers.* Epitaphe de Françoys, Daulphin, premier nay du Roy Françoys, Recueil des Œuvres. p. 119. — La déploration sur le trespas de feu monseigneur le Dauphin de France. Pièce anonyme, citée par *E. Picot.* Bibl. Rothschild, p. 417, n° 2797. — Pour la poésie populaire voir *Brantôme.*

[2] *Recueil de vers latins et vulgaires de plusieurs poètes français composés sur le trespas de feu Monsieur le Daulphin.* MDXXXVI. On les vend à Lyon chez François Juste pres Nostre Dame du Confort.

Scève est une complainte en quinze distiques d'une rhétorique
assez sentencieuse:

> Quid vitæ hæremus? et quid inani fidimus umbræ?
> Inviti in mortem, summamque illabimur horam,
> Nec quisquam est hominum, qui se fato eximat. Ecce
> Ipse decem nondum primos adoleveram in annos
> Et patriæ, Hispanias egi . . .

et il continue en racontant assez exactement les divers faits de
la vie du Dauphin, en y ajoutant ses réflexions et les effusions de
son sentiment. Il fait suivre le complainte de trois épitaphes
latines qui n'expriment point d'autres idées que ses poésies françaises du même recueil. Le point de départ de ses réflexions
est souvent un calembour banal: le dauphin est à la fois le fils
du roi et le poisson qui a sauvé Arion; il n'y a rien de surprenant
que le nom de Montecucculi lui rappelle toutes les fables qu'on
raconte du coucou.

> It cuculus teneros aliorium perdere fætus
> Ut suo non nido collocet ova sua.
> Non tamen ipse tuis alium at te perdis iniquum,
> Ut merito cuculi nomine dignus eras.

La plupart de ces vers sont inspirés par une haine implacable contre le prétendu empoisonneur: *in veneficum qui veneno
Delphinum extinxit.* Guillaume Scève n'a pas composé pour ce recueil moins de cinq épitaphes et épigrammes, qui ne se distinguent
pas beaucoup de celles de son cousin, ni par l'inspiration, ni par
la forme qui est assez correcte.

La partic la plus intéressante du livre est sans aucun doute
la deuxième qui contient les poésies françaises. Après trois
épitaphes de Saint-Gelais et une quatrième de Marot, l'éditeur a
fait suivre deux huitains de Maurice Scève, voulant exprimer
peut-être par cet ordre que ce poète était regardé à cette époque
déjà comme le troisième de la France. Le premier des huitains
est une apostrophe à la cruelle mort qui a poursuivi le dauphin
par envie de ses vertus, lesquelles l'auraient enlevé à sa persé-
cutrice pour lui procurer la vie immortelle. Le second exprime
des idées d'immortalité plutôt chrétiennes.

La pièce la plus longue et sans doute aussi la plus importante du recueil est de Maurice Scève. Elle a pour titre *Arion,
Eglogue sur le trespas de feu Monsieur le Dauphin*[1] (environ 250
vers de dix syllabes). Il est aisé de trouver la clef de cette

---

[1] Goujet et Brunet en citent une édition séparée: *Scève, Maurice. Arion,
Eclogue (sic) sur le trespas de Françoys, Daulphin de France.* A Lyon, chez François
Juste 1536. in-16. allongé; car. semi-goth. — Le supplément de Brunet (1880) dit que
cette édition semble avoir disparue. Je n'en ai aucune notice.

allégorie fastidieuse et sentimentale: le dauphin François est iden-
tifié avec le dauphin qui a sauvé Arion, c'est à dire le poète lui-
même. Après la mort de son bienfaiteur, il ne reste au pauvre Arion-
Scève qu'à célébrer la mort de celui-ci dans des vers plaintifs.

Etant couché *à l'envers* sous un palmier au bord de la mer,
il chante *ces siens extrêmes vers* aux tritons, aux sirènes et à
d'autres demi-dieux:

> Allez, espoir et désirs trop usez,
> Allez, de nous jusque ci abusez
> Dont maints doux ans ont été dérivés:
> Vuidez d'ici, puis que sommes privés
> De nostre attente et longue affection.

Il continue en chantant, toujours sous forme allégorique, les
exploits de la première jeunesse du dauphin: c'est le même
dauphin qui a retiré Arion de l'océan et qui est allé en ôtage
pour son père en Espagne. Nous apprenons qu'Arion n'a pas
été ingrat envers le dauphin; il l'a délivré des mains de ses ennemis, en leur cédant la plus grande partie de son trésor. Nouvelle
incohérence: Arion n'est pas seulement l'allégorie du poète ou
des poètes français réunis qui chantent leur protecteur; il représente ici tout le peuple de France. Le dauphin retourne de sa
prison

> Accompagné de maints divers poissons
> Qui autour luy gettent maint joyeux sons
> De leurs clairons, trompettes et buccines,
> Tant que les bois et les rochers voisines (sic!)
> De leurs doulx chants partout retentissoient[1]
> Et pres et loing haultement remplissoient
> De l'haulte mer les grands undes salées,
> Plaines, marests et umbreuses vallées.
> Vous, dieux marins, sortistes des abymes,
> Et vous, ô mons, elevastes vos cymes
> Ou il venoit couronné comme Roy.
> Sus son chef crespe avoit une couronne
> D'olive verde, et la roide colonne
> De Fortitude en sa senestre main.
> Puis nous monstroit par un soubris humain
> Celle qu'estoit presqu'au monde expirée,
> La riche paix, de tous tant desirée,
> Que lors sa dextre élevée portoit
> Et par laquelle il nous reconfortoit . . .

Les vers suivants abandonnent pour un moment l'allégorie
pour exprimer la joie du peuple au recouvrement de la paix et

---

[1] Dans l'original: *retondissoient.*

au retour des enfants de France. Le poète est le plus heureux de tous ceux qui participent à ces fêtes.[1]

Mais cette joie universelle ne va pas durer longtemps; Atropos va ravir de son dard (sic) l'infortuné dauphin. Arion tonne alors des imprécations contre Montecucculi qui nous apparaît — un coucou ne pouvant pas bien tuer un dauphin — sous la forme d'un crocodile, allégorie qui repose sur un calembour piètre.[2]

> O Cocodrille, ancien ennemi
> De mon jadis tant cher tenu ami,
> Qui t'esmouvoit sans aucune achoison
> Commettre en lui si grande traïson,
> D'empoisonner les eaux où il nageoit
> Quand pour le chaud las il se soulageoit?

— — — — — — — — —

Tout ce qui suit n'est plus qu'une litanie de plaintes. Voici d'abord une apostrophe à la lyre du poète, mais qui s'adresse plutôt à celle d'Orphée qu'à celle d'Arion; un moment même il semble que l'églogue marine aille se changer en églogue champêtre. A la fin de la pièce, Arion s'adresse de nouveau aux demi-dieux qui forment son auditoire, les priant de le laisser seul avec sa douleur.

> Donc pour plorer une si grande perte
> J'abiterai ceste terre déserte
> Où ce mien corps de peu à peu mourra,
> Et avec moi seulement demourra
> Pour compaignon sur ceste triste rive
> Un doux languir jusqu'à la mort tardive.

Ce dernier vers nous parait avoir l'étrange charme mélodieux, d'une sentimentalité un peu maladive et artificielle qu'on retrouve quelquefois dans la *Délie*. La poésie est signée de la devise de Scève: SOVFFRIR · SE · OVFFRIR, la même qui se trouve dans *La déplourable Fin de Flamete*.

Personne ne voudra prétendre que ce soit un chef-d'œuvre; les fautes en sont trop apparentes. On sent le ridicule forcé de

---

[1] Ce retour des enfants de France fut fêté avec magnificence à Lyon.. Cf. un article de la Revue du Lyonnais (1838, t. II. p. 113) qui se rapporte à une plaquette très rare : *D'une réjouissance publique faite à Lyon quand la nouvelle fut apportée de la reddition des deux fils du roy, qui avoient esté ostagiers pour le roy leur père en Espagne.*

[2] Le poète se base sur la fable de l'inimitié entre le dauphin et le crocodile, racontée par Pline (livre VIII, chap. 25). Dans la *Délie* on retrouve encore des monstruosités semblables qui datent de la même époque de la vie de Scève, par ex. dizain 21 : *Le Cerf* (maison de Bourbon) *volant aux abois de l'Autruche* (maison d'Autriche).

ces rapprochements mythologiques, basés uniquement sur un jeu de mots sans rapport avec la réalité et qui n'ont partant aucune valeur poétique. Toute la poésie est une catachrèse continue; on ne sait jamais s'il faut se représenter un prince ou un poisson. Dans la description de la rentrée des enfants de France, l'auteur abandonne un moment l'allégorie et raconte des réalités; dans ce moment on sent qu'il est un vrai poète. Mais quand il nous peint des poissons qui jouent de la trompette, du clairon et de la buc·cine et qui chantent, il tombe de nouveau dans le défaut fonda·mental de toute la pièce: l'allégorie forcée qui ne permet guère le développement de sentiments et d'idées poétiques. Le „Coco·drille" est tout ce qu'il y a de plus ridicule. Toute la poésie est un travail purement intellectuel dans lequel le cœur et la fantaisie n'ont point eu de part.

Cette églogue n'a pas même l'avantage d'être originale: le modèle qu'elle imite est la *Complainte de Louise de Savoie* par *Clément Marot*. Mais on sent bien que Scève a lu aussi les *Églogues maritimes* de *Sannazar* et qu'il cherche à en tirer quelques traits pour les incorporer dans sa composition. Cette imitation de deux modèles à la fois n'a fait que rendre sa poésie plus guindée et plus décousue.

CHAPITRE QUATRIÈME

SCÈVE ET LES HUMANISTES LYONNAIS

Le recueil des vers sur la mort du dauphin nous montre Maurice Scève dans un milieu nouveau sur la voie d'un art nouveau. Il n'est plus le poète de salon qui écrit des *Blasons* et des romans sentimentaux. Le voilà au milieu, on pourrait presque dire à la tête, des poètes latins qui forment la société humaniste de Lyon. Il n'y est pas un *homo novus,* sans doute; la renommée qu'il a acquise par la découverte du tombeau de Laure, son savoir presque universel ont dû l'y introduire dès sa rentrée à Lyon après les années d'étude. Pourtant ce n'est qu'en 1536 que nous l'y voyons faire figure, que nous le voyons poète latin et — dans sa poésie française — débordant de mythologie antique.

Il y a un certain développement à constater dans cette pé·riode de la vie de Maurice Scève. La cause première de ce changement est la tendance générale des esprits lyonnais dans les années 1535 à 1540 dont nous avons parlé dans notre premier chapitre. Mais nous devons attribuer aussi une grande part de ce développement à l'influence de *Guillaume Scève*. Il était probablement plus âgé que Maurice, puisque Claude Rousselet lui adresse des épigrammes latines en 1532, à une époque où Maurice était encore occupé d'études, soit à Avignon, soit ailleurs.

Guillaume Scève avait fait ses études à Padoue et à Toulouse avec Etienne Dolet, Jean Visagier et Jean de Boissonné[1] avec lesquels il resta lié toute sa vie d'une amitié très intime. C'est probablement lui qui attirait tous ces hommes à Lyon. Boissonné seul n'y séjourna jamais longtemps. Il y passa la première fois en 1536 pour se rendre à la cour qui y était alors. A cette occasion, il fit aussi la connaissance de Maurice Scève, pourtant sans devenir très intime avec lui; dans la correspondance très suivie qu'il entretint avec Guillaume[2], il se borne à le faire saluer dans quelques lettres.

Guillaume Scève avait une instruction fort étendue. Bien qu'il eût étudié la jurisprudence, il était à cette époque le correcteur et commanditaire principal de l'imprimerie de Sébastien Gryphe.[3] Le 19 octobre 1539, il fut nommé avec Boissonné conseiller au parlement de Chambéry nouvellement institué par François Ier. Il y eut à souffrir beaucoup d'inimitiés à cause de son caractère ergoteur et colérique. Il mourut en 1546; nous connaissons sa vie beaucoup mieux que celle de son cousin qui fut pourtant plus célèbre.

Il était très riche comme tous les Scève de Lyon. Nicolas Bourbon, dans ses *Nugae*,[4] lui reproche de l'inviter trop souvent à ses dîners d'une opulence quasi lucullienne; le pauvre poète ne se sentait plus en état de les digérer, souffrant de dyspepsie. Tant que Guillaume Scève fut à Lyon, il s'adonna à la poésie latine. Pourtant il ne reste de lui aucun ouvrage, ni imprimé, ni manuscrit; tout ce qui s'est conservé de ses vers, ce sont quelques odes et épigrammes détachées qui se trouvent dans les œuvres

---

[1] *Guibal*, Georges. De Johannis Boissonei vita. thèse. Paris 1863. — *Guibal* Georges. Jean de Boisson ou la Renaissance à Toulouse. Toulouse 1863. — *Mugnier*, François. La vie et les poésies de Jean de Boyssonné. Mémoires et documents p. p. la société savoisienne d'histoire et d'archéologie. tome **XXXVI**. Chambéry 1897.

[2] p. p. *J. Buche*, d'après les ms. de Toulouse : *Revue des langues romanes;* années 1895 à 1897. Cette correspondance ne nous apprend pas grand'chose sur l'école lyonnaise. *Toutes les lettres dont Boissonné a composé son recueil, sont en latin. Ecrites pour être conservées, elles manquent de détails et sentent trop souvent la préoccupation littéraire.* (Mugnier) — Boissonné fit encore des séjours à Lyon en 1537 et 1538.

[3] *Revue des langues romanes* 1896. p. 81. — *Christie,* op. cit. p· 181.

[4] Lyon 1538.

de ses amis, surtout dans celles de Dolet, de Visagier et de Bourbon, et dans le *Recueil de vers sur le Trespas du Daulphin*.[1] Mais
il est peu probable que ce soit là toute l'œuvre de Guillaume
Scève, vu le grand nombre de compliments poétiques que ses
contemporains lui ont adressés pour ses vers.

Les deux cousins étaient bons amis; les intimes de l'un étaient
aussi ceux de l'autre. La vaste correspondance de Guillaume
Scève avec Boissonné, Dolet etc. nous prouve que ceux-ci s'occupaient aussi de Maurice; ils oublient rarement de le saluer.
Visagier adresse même une épigramme aux deux cousins à la
fois, ou plutôt à leurs maîtresses :

Ad Sylviam G. Scœvæ et Dœliam M. Scœvæ consobrinorum.
  Nil nisi nomen habens a sylvis, Sylvia, densis.
   Dælia de Dælo nihil nisi numen habens.
  Fœlices animæ, victuraque nomine, donec
   Mons bifidus asserat esse suos . . .

„Si on demande plus tard quelle était la plus grande, qu'on
sache qu'elles étaient égales; l'une et l'autre aimées des Scève
pareils entre eux par la noblesse, les couronnes, les années, la
patrie, la foi; ne différant que parce que Guillaume a célébré
Sylvie en des poèmes latins et que Maurice a chanté Délie en
langue nationale."

Parmi les amis de Guillaume Scève qui furent aussi plus tard
ceux de Maurice, nous avons déjà mentionné Boissonné qui était,
nous le répétons, un ami plutôt tiède; les deux hommes ne s'é-
taient vus que rarement et brièvement. Il en était tout autrement
d'*Etienne Dolet*.[2] Au printemps de 1534, il y eut à Toulouse
quelques rixes assez sérieuses entre le parlement et les capitouls
d'un côté et les professeurs et étudiants de l'autre. Ces désordres
et leur sauvage répression forcèrent beaucoup de savants à quitter
la ville. Dolet et Visagier finirent par se domicilier à Lyon où
les imprimeurs pouvaient leur procurer du pain et où la liberté
était si grande que les autorités écclésiastiques et séculières ne
pouvaient pas les gêner beaucoup.

Dolet arriva à Lyon le premier août 1534. Les premières
années de son séjour, il fut correcteur chez Sébastien Gryphe, sous
la direction de son ami Guillaume Scève. C'est à cette époque
qu'il fit la connaissance de Maurice, qui avait avec lui plus d'un
trait de caractère commun, en particulier une sévérité stoïque

---

[1] Une liste des louanges que des humanistes contemporains — surtout Boissonné, Dolet, Visagier, Bourbon et Rousselet — ont adressées à Guillaume Scève
se trouve dans *Mugnier*, op. cit. p. 405 ff.

[2] cf. *Christie.* op. cit. passim., où l'on trouve aussi la bibliographie sur Etienne
Dolet.

dans la conception de la vie et de l'art, qui contrastait un peu avec la galté insouciante de l'élégante société lyonnaise. Ils furent aussi les seuls écrivains de Lyon, à ce qu'il semble, qui s'exerçaient à la fois dans la poésie latine et française. Il ne manquèrent pas de se lier d'une amitié très intime dont témoignent de nombreux documents.

Lorsque Dolet publia le recueil de vers à l'occasion de la mort du dauphin François, il accorda à Maurice Scève non seulement le premier rang après ses propres vers, mais aussi l'espace le plus considérable. En 1538, Etienne Dolet se souvint de son ami dans deux de ses principaux ouvrages. Dans ses *Commentaires de la langue latine*, si riches en digressions, il parle aussi, au tome deuxième, de la langue française et des poètes qui s'en sont servis. Il mentionne les deux poètes les plus célèbres pour l'élégance de la forme et la noblesse des idées: Clément Marot et Maurice Scève.[1] — Ses *Carmina*[2] furent publiés dans la même année. Il adresse une ode de ce recueil *ad Mauricium Scævam, amicum singularem*. Elle chante l'amitié, telle que les hommes de la Renaissance se l'imaginaient, en termes enthousiastes; c'est sans doute la poésie la plus sincère et la plus sympathique du volume.

> Non nos voluptas, vita vel impia
>> Non nos indignum studium aut scelus.
>> Conjunxit: hanc iucundus usus.
>> Usus amicitiam creavit.
>
> Mores pares, parque ingenii vigor
>> Ac vota pulchre convenientia
>> Par vita prorsus nos libentes
>> Fœdere perpetuo ligavit.
>
> Sic quondam amavit Scipio Lælium
>> Haesitque Orestes sic Pylado suo,
>> Sic Castorem Pollux amasse
>> Thesea Pyrithousque fertur.
>
> Non tempus ullum iuriave aspera
>> Aut rixa dissolvet, quibus imperat
>> Virtuti amor natus celebri
>> Matre eadem assidue fovendus.

---

[1] *E. Dolet.* Commentariorum lingnae latinae tomus secundus... Lyon, S. Gryphe 1538. — p. 403. disgressio *lingua:... Gallicae linguae primas partes tenuit nostra aetate Clemens Marotus, poeta versu scribendo felicissimus atque praestantissimus. In quo si quid desideres, fortunam tantum secundam desideres ... Maroti laudi proximus est Mauricius Scaeva, alterum linguæ gallicae lumen atque sempiternum ornamentum. Complures alios habet Gallia vernaculae et patriae linguae nomine imprimes laudabiles quos suis scriptis illustrari malo quam hic a me recusari.*

[2] *Stephani Doleti Galli Aurelii Carminarum libri quatuor.* Lyon, Dolet 1538 p. 20—22.

> Vitæ timebo perniciem tuæ
>> Vitæ timebis perniciem meæ
>> Nil charius tete ipse habebo
>> Charius atque nihil me habebis.

> Votum saluti ultro faciam tuæ,
>> Votum saluti ultro facies meæ:
>> Aeternum ero tibi in medullis.
>> Tuque mihi usque eris in medullis.

> Quamvis Gades, vel terra remotior
>> Incognitum me perferat advenam
>> Actu ultimos visas, Britannos
>> Postea hyperboreosque saltus.

> Votum saluti ultro faciam tuae,
>> Votum saluti ultro facies meæ;
>> Acternum ero tibi in medullis
>> Tuque mihi usque eris in medullis.

> Divos rogabo te erigi honoribus:
>> Divos rogabis me erigi honoribus,
>> Supplex uterque poscet, ævum
>> Nestoris assequi utrumque posse.

Dans une épigramme qui suit immédiatement cette ode, Dolet prie Scève de publier ses vers au lieu de les cacher à ses contemporains en négligeant sa renommée. Il s'agit peut-être de vers perdus pour nous, car ni l'*Arion* ni les *Blasons* ne méritaient ces compliments, à moins qu'il ne s'agisse de la *Délie* (publiée en 1544) dont de nombreux dizains existaient déjà à cette époque, ainsi que nous le verrons plus tard.

Etienne Dolet n'est pas le seul humaniste de la société lyonnaise qui ait célébré Maurice Scève; tous sont unanimes à le louer et il ne semble pas avoir eu d'adversaires.

Jean Visagier[1] est celui des poètes latins de Lyon qui prend à côté de Dolet le plus d'intérêt au développement d'une littérature en langue vulgaire; il est l'ami de Marot et de Rabelais. On trouve plusieurs de ses épigrammes qui s'adressent tout simplement *ad Scævam*, d'autres *ad Gulielmum Scævam*, d'autres encore *ad Mauricium Scævam*. Or la difficulté est de savoir à qui attribuer celles de la première catégorie. Je crois, sans pouvoir le prouver — le contenu des épigrammes étant trop vague et la vie des deux cousins trop peu connue — qu'ils s'adressent

---

[1] Revue d'hist. litt. I. p. 530.

à Guillaume qui était probablement le plus considéré à cette époque, et qui avait été le compagnon d'études de Visagier à Padoue et à Toulouse.[1]

Visagier est bien le plus amoureux de tous ces poètes latins. Il chante sa Clinia sans jamais se lasser, et toutes les fois qu'il s'adresse à Maurice Scève, c'est par rapport à ses amours; ce dernier avait donc déjà à ce moment la renommée d'être le poète érotique par excellence. Dans un distique, Visagier lui adresse des compliments pour le *Blason de Sourcil* qui avait été jugé le meilleur par Renée de France.

> Triste supercilium deponis, laudibus ornas
> Fœmineum tunc eum, Scæva, supercilium.

Dans d'autres vers, il chante les beautés et les grâces de Délie qui ne sont pas moindres que celles de la Sylvie de Guillaume Scève ni que celles de sa propre Clinie.

De même *Guilbert Ducher* s'adresse plus souvent à Guillaume qu'à Maurice Scève auquel il dédie seulement trois pièces du deuxième livre de ses *Epigrammes,* mais trois pièces assez intéressantes. La première intitulée *ad Mauricium Scævæ μίμησις Politiani*[2] est un panégyrique enthousiaste du poète lyonnais qui est comparé à Platon et à Stésichore :

> Tam suave eloquium Pitho tibi, Scæva, ministrat
> Quod numeris nectit dexter Apollo tuis.

La deuxième de ces épigrammes chante les trois frères Vauzelles; *Matthieu,* le jurisconsulte qui mérite bien qu'on lui confie le gouvernement d'une province, *Jean,* le théologien — *vir ille sacer* —, et *Georges* — *Rhodiæ nobilitatis eques* — qui combat pour sa religion avec l'épée tandis que Jean la défend avec les armes spirituelles. La Gaule, si grande qu'elle soit, ne possède pas un autre trio de frères aussi célèbres pour leur concorde et leur noblesse. Matthieu et Jean, qui s'essayent quelquefois dans la poésie française, étant les meilleurs amis de Scève, il est tout naturel que Ducher lui ait adressé cette poésie. — La troisième épigrammes contient des allusions assez obscures à deux poètes

---

[1] *Paul Stapfer* (Rabelais, sa personne, son génie, son œuvre. Paris, A. Colin 1889, p. 171) paraît être de l'avis contraire. Il suppose que l'épigramme suivante qui nous prouve que les intérêts universels de ces humanistes s'étendaient même à la jurisprudence, est adressée à Maurice :

> *Ad Scaevam*
> Civili de jure rogas quid sentio, Scaeva ?
> Hoc verum, noster quod Rabelæsus ait.

[2] On préparait à cette époque à Lyon une des meilleures éditions des Œuvres de Politien ; je ne sais pas si Ducher ou Scève y avaient quelque part.

qui sont devenus des détracteurs de Visagier, bien qu'ils aient reçu de lui des bienfaits et des louanges.

Nicolas Bourbon de Vandœuvre,[1] ami d'Erasme, de Rabelais et d'Holbein, précepteur de Jeanne d'Albret, mère de Henri IV, habitait Lyon depuis le mois d'octobre 1536, et était aussi un des admirateurs des deux Scève, à en juger d'après ses *Nugæ.* Dans une épître dédicatoire adressée à Guillaume Boston, abbé du couvent royal à Westminster, un des humanistes dont Bourbon avait fait la connaissance lors de son séjour en Angleterre, il promet à ce protecteur de lui envoyer des vers de Marot et des deux Scève pour qui il ne se montre pas avare de louanges.[2] — Dans une épigramme enfin du huitième livre de ses *Nugæ,* il prie Maurice Scève (après une longue série de ces compliments chers aux humanistes) de ne plus hésiter à publier ses œuvres.

Avec Bourbon de Vandœuvre nous avons terminé la liste des humanistes dont les traces d'une correspondance poétique avec Maurice Scève se sont conservées. Mais on aurait tort, sans doute, de conclure de l'absence des documents que Scève n'ait pas été en relations, bonnes ou mauvaises, avec quelques hommes des plus importants de la Renaissance française. *Bonaventure Despériers* demeurait à Lyon depuis 1535 pour collaborer avec Etienne Dolet à la publication des *Commentaires de la langue latine;* compagnon d'un des meilleurs amis de Scève, il ne pouvait guère lui rester indifférent. Il remplissait en même temps la charge de secrétaire ou de précepteur chez une grande dame[3] et vaquait à divers travaux littéraires qui lui procuraient du pain. Il ne resta point étranger à la société élégante de Lyon (quand on considère les dédicaces de plusieurs de ses poésies, on arrive à croire qu'il la préféra même aux cercles humanistes), et il en fut même le poète d'occasion. Ainsi il a composé la description d'une fête à laquelle toute la bourgeoisie lyonnaise avait coutume d'assister: *le Voyage de Lyon à Nostre Dame de l'Isle.*[4]

---

[1] *G. Carré.* De vita et scriptis Nicolai Borbonii. Thèse. Paris 1888.

[2] *Rhythmos seu numeros, leporum et graciarum plenos utriusque Scaevae Gulielmi ac Mauricii Lugdunensium et Clementis Marotis Cadurci ingeniosi hominis, ad te mittam brevi, ne desit tibi quo pulmonem ridendo exerceas.* (Epitre liminaire du deuxième livre des *Nugae.*) — L'intérêt très vif que Maurice Scève prend, dans quelques dizains de la *Délie,* à l'histoire de l'Angleterre, s'explique peut-être par des conversations avec Bourbon.

[3] *A. Chenevière.* Bonaventure des Périers. Sa vie, ses poésies. Thèse. Paris 1885. p. 35.

[4] Recueil des Œuvres de Bonaventure Despériers. Lyon 1544. p. 52 ff. Poésie adressée à *Jean du Peyrat,* chevalier de l'ordre du roi et son lieutenant dans le Lyonnais, grand mécène dont le nom se rencontre souvent dans les vers latins des humanistes lyonnais. cf. article de *Félix Desvernay* dans *Lyon-Revue* tome 6, juin 1884. p. 319.

Le changement qui s'accomplit en Despériers pendant son séjour à Lyon, qui, excepté quelques absences passageres, dura jusqu'à sa mort, est fort singulier et très significatif pour la société lyonnaise. A son arrivée, il est plein de l'esprit des réformateurs, puisqu'il vient d'achever, avec Olivétan, la traduction de la Bible; au cours de son séjour il devient gai, bon vivant, versificateur facile et élégant; au point de vue religieux, il devient sceptique, peut-être athée, et finit par le suicide. — A la même époque et dans la même ville, le développement inverse s'est fait chez un autre poète. Au commencement de son séjour à Lyon, Eustorg de Beaulieu est un homme assez sceptique et un des poètes les plus licencieux que la France ait jamais eus. Mais poète et libertin repentant, il se transforme en ministre calviniste pour finir sa carrière littéraire par des traités de morale adressés aux jeunes filles.

L'homme le plus vagabond de la Renaissance française, *François Rabelais* n'a séjourné nulle part aussi longtemps qu'à Lyon, qu'il appelle *sedes studiorum meorum*. Il y est depuis l'été 1532 jusque vers la fin de 1538 n'interrompant son séjour que par ses deux voyages à Rome et un autre à Paris et à Montpellier. Il ne devient pas comme Despériers le poète à la mode, car il n'est pas fait pour les salons élégants et les cours brillantes. C'est pour le peuple qu'il écrit ses almanachs qui sont tous *calculés sur le méridional de la noble cité de Lyon*. Il trouve du reste ses amis dans la sociétés des humanistes. En feuilletant les recueils de vers latins de Visagier, de Ducher, de Bourbon et de Dolet, on rencontre son nom assez souvent; les vers que nous avons cités à la page 86 prouvent ses relations d'amitié avec l'un des Scève, ou avec les deux. Cela s'explique facilement: Rabelais travaille dès son arrivée à Lyon pour l'officine de Sébastien Gryphe comme éditeur de quelques ouvrages de médecine et de la *Topographie de Rome* par Marliani; Guillaume Scève y était donc son supérieur. La même année 1535 et dans la même imprimerie où Maurice Scève publie *la déplourable Fin de Flamete*, Rabelais fait paraître le *Gargantua* dont les premières éditions semblent s'adresser à un public surtout lyonnais, étant pleines de termes lyonnais et d'allusions locales que Rabelais effaça quand ses livres prirent leur vol à travers l'Europe.[1] — Rabelais était lié également avec Etienne Dolet qui fut l'ami intime des deux Scève.

Quant à la vie que Rabelais a menée à Lyon, on en sait très peu de chose. Nous avons seulement deux faits à relever:

---

[1] *Bertrand*, Alexis. Le séjour de Rabelais à Lyon. Lyon. s. d.

il remplit ses fonctions de médecin à l'hôtel-Dieu de Lyon avec
si peu de zèle qu'on se voit forcé de le congédier. Ou bien a-t-il
dû s'enfuir en toute hâte devant un danger que nous ne connaissons point, mais qui s'expliquerait par les persécutions des
hérétiques qui redoublaient à cette époque ? Il lui est né, pendant
son séjour à Lyon, un fils naturel — Théodule Rabelais — qui
ne vécut que deux ans mais que son père reconnut en lui don-
nant son nom et en le présentant à ses amis, à Boissonné par
exemple.

Toute la correspondance poétique de ces poètes latins nous
prouve que Maurice Scève joue un rôle aussi important dans
cette période du développement de la littérature locale que son
cousin Guillaume. Comment faut-il expliquer le grand nombre
de louanges souvent excessives qu'il a reçues dans ce temps?
S'est-il assuré la gratitude des littérateurs en vrai Mécène,
en leur prodiguant ses richesses? Ou bien a-t-il mérité leurs
compliments par ses connaissances et son talent poétique? et
ne faut-il pas se méfier de ces compliments d'humanistes qui
sentent toujours un peu la rhétorique? Ces deux raisons ne s'ex-
cluent pas; il est bien naturel qu'un Mécène instruit secoure surtout
les arts qu'il exerce lui-même, et il n'est pas moins naturel qu'un
poète riche et savant aime à se montrer généreux envers des confrères moins favorisés par le destin.

La plupart de ces panégyriques s'adressent au poète français
en Maurice Scève, à l'auteur couronné des *Blasons du Sourcil,
de la Larme et de la Gorge*. Il est célébré pour des poésies éro-
tiques, on l'exhorte à publier les vers français dans lesquels il a
chanté une Délie. Il ne faut pas se représenter les humanistes
lyonnais comme très exclusifs dans leur admiration de l'antiquité;
ils aiment aussi presque tous la littérature en langue vulgaire et
ne méprisent pas ceux qui ne savent pas tourner d'élégants vers
latins. Clément Marot n'est pas encore décrié comme auteur
ignorant et barbare ainsi qu'il le sera aux jours de la Pléiade et
d'Etienne Pasquier; non seulement on le loue, mais on le traduit en latin.[1] Mellin de Saint-Gelais est fêté comme un ami
par ces humanistes.[2] Rabelais est admiré pour ses romans populaires, et aussi pour le haut vol de sa philosophie[3] et son vaste
savoir en matière juridique. Il y avait dans cette société lyonnaise tous les germes d'une littérature française plus élevée que
ne l'était l'école de Marot, plus conforme à l'idéal de la Renais-

---

[1] *Bourbon*. Nugae. éd. Bâle 1540. p. 96, 305, 308, 364, 494.
[2] Revue d'hist. litt. IV. p. 407.
[3] Revue d'hist. litt. IV. p. 315.

sance, mais différentes causes ont empêché ce mouvement lyonnais d'aboutir à une révolution littéraire telle qu'elle a été accomplie
dix ans plus tard par la *Défense et Illustration de la Langue
française.*

L'année 1538 marque l'apogée de l'école poétique des humanistes de Lyon. C'est à ce moment que Ducher publie ses *Epigrammes,* Visagier ses *deux livres d'Inscriptions,* Bourbon la deuxième édition des *Nugae,* Dolet ses *Carmina.* Mais la même année
signale aussi le commencement du déclin de cette poésie latine.

En voici les causes principales: Tous ces humanistes lyonnais
avaient été très favorables à la réforme religieuse. Ils n'étaient
pas calvinistes; l'intransigeance des doctrines du réformateur de
Genève devait rebuter ces hommes paisibles qui avaient grandi
au milieu des sérénités de la littérature antique et de la philosophie
platonicienne. Bien que Calvin ait passé par Lyon en 1535, il ne
fit pas de prosélytes parmi les savants de la ville; la commu-
nauté protestante se composait uniquement d'artisans et de petits
négociants.

Nos humanistes s'en tinrent aux premières tentatives osées
par des hommes tels que Lefèvre d'Etaples. D'après lui on les
appelle quelquefois des *fabriciens;* Rabelais les nomme les *évangéliques.* L'essence de leurs idées réformatrices est *Christus ex
fontibus praedicare;* ils veulent observer pour les livres de l'Evan-
gile les mêmes pratiques qu'ils ont l'habitude de suivre pour les
éditions critiques d'auteurs classiques, remonter aux sources et
éloigner tout ce que le moyen-âge ignare y a ajouté de faux. On
ne veut pas un fanatisme nouveau: on rêve d'une réforme paisible, s'il est possible sans sortir du sein de l'église catholique.
La douceur et la tolérance, sentiments vraiment évangéliques, sont
les sentiments prépondérants de ces hommes. Ils ne se sentent
pas, au moins pour la plupart, la vocation de martyre; rappelons
à ce sujet les noms de Boissonné et de Rabelais.

Inutile de répéter ici les noms de tous les adhérents de cette
nouvelle conception du christianisme. Mais nous trouvons parmi
eux presque tous les humanistes français et presque tous les personnages les plus sympathiques de cette époque, Lefèvre d'E-
taples, Berquin, Briçonnet, Sadolet, Marot, Rabelais, Marguerite
de Navarre avec toute sa cour littéraire: voilà les corréligion-
naires les plus en vue de nos humanistes lyonnais. Ceux-ci ne
font point de polémique, il est vrai; ils ne font pas non plus de
prédications au peuple, jugeant peut-être que la liberté évangélique est seulement pour des hommes délivrés par la science, ou
obéissant peut-être à des raisons de prudence. Mais dans leurs
poésies, ils ne se lassent pas de répéter le nom de Jésus-Christ,

tandis que la Vierge y est passée sous silence avec tous les saints et tous les dogmes qui appartiennent exclusivement à la confession catholique.[1]

Quelle fut la position des deux Scève vis-à-vis de ces questions religieuses? Ils semblent avoir été trop prudents pour s'exposer aux persécutions en s'exprimant clairement à ce sujet dans des ouvrages destinés à tout le monde. Mais je n'ai trouvé dans aucun vers de Guillaume ou de Maurice Scève l'ombre d'une idée ou d'une sympathie catholiques, bien que l'occasion de dire son avis se fût présentée plus d'une fois. La liste de leurs amis parle un langage plus clair et plus sûr que ne le sont des preuves construites sur l'absence des documents. Guillaume Scève est l'ami très intime de Boissonné et de Dolet, et leur amitié date justement des jours où Jean Cadurce était brûlé vif à Toulouse pour des idées prétendues hérétiques, et où Boissonné n'échappait au supplice que par une abjuration publique. Etienne Dolet a écrit à cette occasion deux invectives contre les Toulousains[2] auxquelles Guillaume Scève a donné son approbation par une épigramme latine imprimée avec elles. Comme son cousin, il est ami de Bourbon, de Visagier et de Ducher qui sont certainement des évangéliques; personne de ceux qui ont lu leurs vers n'en doutera.

La plupart des raisons que nous avons alléguées pour Guillaume Scève conservent leur valeur pour Maurice. Ajoutons pour lui qu'il est l'ami de Marot avec qui il est entré en correspondance poétique pendant que celui-ci est exilé à Ferrare pour cause de religion. Il est couronné poète par Renée de France, et le prochain chapitre le montrera en relations amicales avec une autre princesse protestante : Marguerite de Navarre et toute sa suite de réformateurs et de poètes.

Revenons aux causes du déclin de la poésie humaniste à Lyon. Pendant ses guerres heureuses contre Charles-Quint, François Ier se sentait très libre vis-à-vis du pape et de l'empereur, et n'avait d'autre obligation que celle de plaire aux princes protestants ennemis de celui-ci, et aux Suisses, surtout aux puissants seigneurs de Berne et de Zurich. Il était donc très disposé à laisser toute la liberté possible aux humanistes français; quand il n'était pas sous une influence funeste de politique extérieure, François Ier était toujours le roi de la Renaissance, le père des lettres. De 1536 à 1538 il n'y eut point de persécutions contre des nova-

---

[1] *Buisson.* Seb. Castellion. p. 50 ff.

[2] *Stephani Doleti Orationes duae in Tholosam. Eiusdem Epistolarum libri II. Eiusdem Carminarum libri II. Ad eundem epistolarum amicorum liber.* Lyon, S. Gryphe 1534.

teurs religieux; on peut même dire qu'il règnait alors en France une liberté de pensée presque moderne : c'est exactement l'époque de la plus grande prospérité de la poésie humaniste à Lyon.

Tout cela allait changer avec les projets de médiation du pape Paul III qui appela François Ier et Charles-Quint à Nice, sous prétexte de faire cesser les guerres personnelles afin de pouvoir attaquer avec les forces réunies de tous les pays chrétiens les Turcs qui dévastaient alors une grande partie de l'Europe. Cette entrevue solennelle, grand triomphe d'une conspiration catholico-espagnole, eut lieu au mois de mai 1538[1]; les participants y rivalisèrent de munificence et de générosité. Le résultat en fut une sorte de triple-alliance, entre le roi de France, l'empereur et le pape, alliance qui allait enlever toute initiative au père des lettres françaises. Les intrigues ourdies à la cour par Montmorency, les cardinaux de Lorraine et de Tournon, et la cruelle maladie qui le tourmentait, suffirent à épuiser la vitalité de François Ier; sa gaîté, son amour des lettres s'éteignirent et — triste spectacle — la vieillesse du roi de la Renaissance consent à la réaction contre tout ce que sa jeunesse avait encouragé.

De nouveaux édits contre les hérétiques[2] en furent la première conséquence; les persécutions redoublèrent. Les humanistes lyonnais eux aussi devaient bientôt sentir la pression que le nouvel état des choses exerçait sur tous les esprits. Un homme qui valait à lui seul toute une inquisition, *le cardinal de Tournon*,[3] l'instigateur du massacre des Vaudois, était depuis le 22 octobre 1536 *superintendant et lieutenant général en Lyonnais, Auvergne, Dauphiné et Pays de Piedmont.* Il n'attendait que des circonstances

---

[1] *L'Embouchement de nostre sainct père le pape, l'empereur et le roi faict à Nice* ... MDXXXVIII. Paris... Arnould et Charles les Angeliers. — Un dizain de la *Délie* (318) témoigne de la grande impression que cette entrevue fit sur les Français; pour beaucoup d'entre eux elle paraît avoir été une déception.

> Jà tout hautain en moy ie me paonnois
> De ce qu'Amour l'avoit peu inciter :
> Mais seurement (à ce que ie congnois)
> Quand il me vint du bien feliciter,
> Et la promesse au long me reciter.
> Il me servit d'un tresfaulx truchement.
>   Que diray donc de cet abouchement,
> Que Lygurie, et Provence et Venisse
> Ont veu (en vain) assembler richement
> Espaigne, France et Italie, à Nice?

Une lettre manuscrite du roi à P. Trivulce, datée de Nice du 18 juillet 1538 commande de fêter cette alliance à Lyon d'une façon très solennelle (copie dans *Capefigue.* op. cit. t. IV. p. 156).

[2] 10 déc. 1538 révocation des édits de grâce de Coucy et de Lyon.

24 juin 1539 édit général contre les luthériens.

1er juin 1540 édit de Fontainebleau.

[3] *Fleury,* Histoire du cardinal de Tournon. Paris 1728.

politiques favorables pour commencer son œuvre de destruction avec tous les moyens possibles.

Pour aviser aux meilleurs moyens de succès, des conférences ecclésiastiques se réunirent à Lyon; au printemps 1539, les évêques de Lausanne et de Genève, celui de Carpentras (le célèbre Sadolet), ceux de Turin, de Vienne, de Besançon et de Langres tinrent conseil sous la présidence du cardinal de Tournon.[1] On essaya même d'amener une fusion des deux églises en comptant sur une réaction contre Calvin qui s'opérait dans ces années à Genève; mais le succès de cette entreprise fut négatif.

La ruse ayant échoué, on usa de la force. On incarcéra même des marchands étrangers qui passaient par Lyon, malgré les privilèges de franchise pour les foires. Dans les années qui suivirent 1538, on n'a aucune trace d'un prédicateur pour les nombreux protestants qui vivaient pourtant à Lyon, en cachant aussi bien que possible leur confession. Avant cette époque, ils n'avaient dû prendre que très peu de précautions pour leurs assemblées.

Dans ces années où l'Eglise avait retrouvé en France toute son énergie froide et conséquente, il ne restait point d'autre parti aux littérateurs français que de se décider pour ou contre l'Eglise catholique. Quiconque ne se soumettait pas à elle, risquait sa vie; il fut dorénavant impossible d'adhérer à ce mysticisme indépendant qui était l'idéal des humanistes lyonnais; il fallait abjurer les hérésies ou quitter la ville.

Nicolas Bourbon de Vandœuvre prit le premier parti. Dans une nouvelle édition de ses œuvres qu'il publia à la fin de l'année 1538, il remplaça l'ode *in laudem Dei optimi maximi,* dans laquelle il avait chanté ses idées réformatrices, par une autre *ad D. Mariam Virginem deiparam,* dont le titre indique déjà sa tendance catholique. Il est vrai que Bourbon[2] avait enduré la prison; sa rétraction n'était pas moins une désertion que Calvin et Farel ne lui pardonnèrent jamais. Barthélemy Aneau et Guilbert Ducher cherchèrent à cacher leurs sentiments religieux derrière une sage réserve, une espèce d'indifférence pour autant qu'elle était permise. Dolet et Despériers étaient des hommes auxquels une soumission extérieure ne coûtait guère, ils ne comprenaient pas qu'on pût être assez obstiné pour se faire martyre. Pourtant ils se mirent sous l'égide de Marguerite de Navarre.

Les autres ne trouvaient pas d'autre moyen de salut que de quitter Lyon. Rabelais se rendit en Piémont chez Guillaume du Bellay, Visagier se réfugia à la cour de Nérac où le suivit bientôt Bourbon malgré l'abjuration faite dans ses *Nugæ.* Sébastien

---

[1] *Moutarde.* op. cit. p. 46.
[2] *Buisson.* op. cit. p. 80.

Castellion, un des rares humanistes de Lyon qui s'étaient décidés pour Calvin, partit pour Strasbourg.

La ruine de la liberté religieuse fut aussi la mort de la poésie de la Renaissance à Lyon. La publication de recueils d'épigrammes latines allait cesser tout d'un coup. Il n'y a plus que Dolet qui résiste avec cet entêtement fameux qui lui a attiré tant d'ennemis; aussi la prison devint-elle son domicile presque constant et le parti de la réaction ne se reposa point avant d'avoir allumé le bûcher de la place Maubert.

La dispersion des cercles humanistes de Lyon termine aussi une époque de la vie de Scève. Les temps sont passés où il s'est exercé à tourner des épigrammes dans un latin élégant, et il ne recevra plus de savants humanistes des compliments dans cette langue. Il s'adonnera entièrement à la littérature nationale; décision qui a été facilitée encore par le départ de son cousin Guillaume pour Chambéry, où celui-ci a été nommé conseiller au parlement au mois d'octobre 1539.

CHAPITRE CINQUIÈME

RELATIONS AVEC MARGUERITE DE NAVARRE. – LE PLATONISME.

Après les évènements racontés plus haut, nous retrouvons pour la première fois le nom de Maurice Scève dans une œuvre littéraire en langue vulgaire. Au mois de septembre 1540,[1] le maître de requêtes de Marguerite de Navarre, *Charles de Sainte-Marthe,* le poète, théologien et réformateur qui eut l'honneur de prononcer l'oraison funèbre de la reine, publia un petit volume de poésies françaises.[2] Quelques unes des épigrammes de ce livre sont adressées à des Lyonnais,[3] ce qui prouve que leur

---

[1] L'épitre dédicatoire est datée du 1er sept. 1540.

[2] *La poésie françoise de Charles de Saincte-Marthe, natif de Fontévrault en Poictou. Divisé en trois livres. Le tout adressé à tresnoble et tresillustre princesse, Madame la Duchesse d'Estampes et Comtesse de Poinctièvre. Plus un livre de ses amis. Imprimé à Lyon chez le Prince 1540.*

[3] p. 11 : à Pierre Tolet, médecin du grand hospital de Lyon. Sur l'amitié de lui et de Dolet. — p. 33 : à Etienne Dolet. — p. 104 à Maistres et Compagnons de l'imprimerie de Lyon, estans ensemble différents. — p. 157 : à Madame Claude (Claudine ?) Scève ; femme de Monsieur l'Avocat du roy à Lyon. (Probablement une sœur de Maurice, mariée à Matthieu de Vauzelles.)

auteur était en relations amicales avec la ville où il les fit imprimer.

Le plus cher de ses amis lyonnais, le seul à qui il ait voué
une admiration démesurée, est Maurice Scève. Les louanges qu'il
lui adresse, dépassent tout ce qu'on peut attendre des humanistes
dans ce domaine.

> *A Maurice Scève, Lyonnais, homme très érudit.*
> Ainsi comme l'aimant le fer attire
> Par un bien grand secret de nature occulté,
> O très cher amy Scève, ainsi fait ton escire
> Le mien tant rude esprit *par sa grand déité.*
> Voyant devant mes yeux *ta docte gravité,*
> *Ta profonde éloquence et mirable facture*
> Je doubte là soudain, *ravis et arresté*
> *Si tu es plus divin qu'humaine creature.*   (p. 50.)

Voilà les accents d'un disciple enthousiaste! Il est impossible
que ce panégyrique soit adressé à l'auteur de *la déplourable
Fin de Flamete,* des *Blasons* et de *l'Arion.* Sainte-Marthe connaissait sans doute les dizains de la *Délie* qui existaient déjà à
cette époque et peut-être même des ouvrages qui ne se sont pas
conservés.

Nous trouvons encore d'autres passages relatifs à Maurice
Scève dans les poésies de Charles de Sainte-Marthe. Un huitain
dans lequel il le compare à Marot et à Saint-Gelais — comparaison
où Scève tient le deuxième rang — me paraît surtout digne d'intérêt.

> *A un qui le dehortait de mettre ses Œuvres en lumière.*
> Chacun Marot escrivant ne peult estre
> Pour attirer le lecteur par doux style,
> Un chascun n'est *comme Scève bien dextre*
> *Pour fulminer d'invention subtile,*
> Chascun n'a pas son esprit tant fertile
> Que Sainct-Gelais; il ne s'ensuit pourtant
> Que celuy-là qui n'en peult faire autant
> En ses escripts soit du tout inutile.   (p. 52.)

Dans l'*Elégie du Tempé de France,* une description allégorique
qui est moins fade que d'autres du même temps, Sainte-Marthe
met sous la sauvegarde d'une Muse chaque poète français. Ainsi
Calliope, muse de la poésie épique et de l'éloquence a trouvé
une voix qui est „consonnante" à la sienne: c'est *Clément Marot,*
il serait difficile de dire pourquoi. *Colin*[1] est le fervent de Clio,

---

[1] *Jacques Colin d'Auxerre,* lecteur et secrétaire de François Ier avant du
Châtel (jusqu'en 1537). Il est l'auteur d'une traduction du *Cortegiano* dont Mellin
de Saint-Gelais a publié une édition de luxe en 1538. Il a écrit le prologue de la
traduction de Thucydide par Claude de Seyssel, et a traduit en vers une méta-
morphose d'Ovide: la dispute d'Ajax et d'Ulisse, imprimé à Lyon en 1547.

Saint-Gelais l'adorateur d'Erato, parallèle évidemment manqué, puisque ce poète n'a point écrit d'élégies à ce que je sache et que son style est aussi loin que possible de l'élégiaque. Auprès de lui est placé *Maurice Scève*

> Petit de corps, d'un grand esprit rassis
> Qui l'escoutant, mal gré qu'il en ait, lie
> Aux graves sons de sa douce Thalie.

Si les rapprochements entre *Marot* et Calliope, entre *Saint-Gelais* et Erato, entre *Héroët* et Melpomène n'étaient pas dénués de toute raison, on pourrait trouver dans ces vers quelque allusion à un poème idyllique de Scève. Mais il n'est guère probable que *la Saulsaye,* publiée en 1547, ait existé à cette époque; les qualités stylistiques de cette églogue ne permettent pas de l'admettre. On pourrait plutôt croire à quelque poème perdu.

Charles de Sainte-Marthe n'est pas le seul des familiers de Marguerite de Navarre qui ait eu des relations avec la société de Lyon. Un autre littérateur du cercle de la reine qui occupe très souvent les imprimeurs de la ville, est *Antoine du Moulin.*[1] Nous le trouvons dès 1536 parmi les poètes qui fournissent à Etienne Dolet des vers pour le recueil fait à l'occasion de la mort du dauphin. Il s'y présente comme auteur d'un dizain, (et il est avec Saint-Gelais et M. Scève le seul de ces poètes qui ait écrit en français). Il est l'ami intime de Dolet, puisqu'il accompagne de pièces en vers qui les recommandent au public le *Cato cristianus* (1538) et les *Francisci Valerii gallorum regis fata* (1539) de celui-ci. Il entretient une correspondance poétique avec Gilbert Ducher, ce qui laisse soupçonner des relations avec tous les membres de la société humaniste de Lyon. — Les salons mondains ne lui étaient pas non plus étrangers. En 1545 il publie *la Déploration de Venus sur la Mort du bel Adonis* de Mellin de Saint-Gelais, et, en 1547, dans une nouvelle édition de cette poésie, il ajoute *la Suite de ladite Fable* par Pernette du Guillet, jadis maîtresse de Maurice Scève, les *Rimes* de laquelle il a mises en lumière déjà en 1545, peu après la mort prématurée de cette Lyonnaise si célèbre.

L'ami le plus intime d'Antoine du Moulin est sans aucun doute *Bonaventure Despériers.*[2] Déjà en 1536, lorsque du Moulin n'était que depuis peu valet de chambre de la reine de Navarre, il se chargeait de remettre à la reine les vers de son ami sur *l'Impudence des Prognostiqueurs.*[3] Les poésies de l'auteur du *Cymbalum Mundi* prouvent que leur amitié n'alla jamais décroissant. Bona-

---

[1] Revue d'hist. litt. III. p. 90, 218.

[2] *Chenevière.* op. cit. passim.

[3] *Prognostication des Prognostications pour tous temps, à jamais, sur toutes autres véritable; laquelle descoeuvre l'impudence des prognostiqueurs.* Recueil des Œuvres, p. 130.

venture est donc un autre de ces poètes qui ont contribué à nouer des relations entre les auteurs lyonnais et la cour de Marguerite. Après sa mort volontaire en 1544, Antoine du Moulin se fait l'exécuteur de la dernière volonté de son ami en publiant ses poésies qu'il dédie à Marguerite.

Dans les ouvrages des humanistes lyonnais, nous trouvons souvent des traces de leurs relations avec la reine de Navarre. Etienne Dolet en particulier, l'ami d'Antoine du Moulin et de Bonaventure Despériers, est un grand admirateur de cette princesse; il n'échappa à un emprisonnement que grâce à la protection de la reine, de même que Boissonné.[1] Nicolas Bourbon et Jean Visagier trouvent un refuge à la cour de Nérac, lorsque la terre de Lyon leur brûle sous les pieds. François Rabelais dédie à la reine *le Tiers Livre des Faitz et Ditz héroïques du noble Pantagruel.*[2]

Non seulement Marguerite de Navarre entretient des rapports indirects avec la société de Lyon, par le moyen de ses familiers, mais elle fait souvent dans cette ville des séjours prolongés qui lui donnent l'occasion de communiquer directement avec les poètes et érudits lyonnais. En 1536, lorsque François Ier reste dès le commencement de mai jusqu'aux premiers jours d'août à Lyon pour vaquer aux préparatifs de la guerre de Provence, Marguerite y rejoint son frère et y passe les mois d'avril, de mai, de juin et de juillet. Nous avons constaté plus haut que le roi fut très clément aux poètes et humanistes lyonnais pendant ce séjour et qu'il ne dédaignait pas de fréquenter les salons des dames de cette ville, célèbres pour leur esprit et leur ascendant littéraire. Il est permis de supposer que sa sœur, qui partageait ses goûts, l'y accompagnait, et c'est probablement de cette époque que datent la plupart des relations, dont nous avons parlé plus haut, entre la reine et la société lyonnaise. Du moins savons-nous avec certitude qu'elle a fait la connaissance de Bonaventure Despériers à cette occasion.

Il est presque certain que Maurice Scève lui fut également présenté pendant ce séjour. Les deux dizains de la *Délie* qui chantent avec enthousiasme les louanges de Marguerite,[3] sont

[1] *Christie,* Et. Dolet. p. 211, 301.

[2] *Abel Lefranc.* Le tiers livre de Pantagruel et la querelle des femmes. Revue des Etudes Rabelaisiennes, tome II. p. 1, 78.

[3] *Délie,* dizains 254 et 255.

Si le blanc pur est Foy immaculée,
Et le vert gay est joyeuse Espérance,
Le rouge ardent par couleur simulée
De Charité est la signifiance:
Et si ces trois de diverse substance
(Chascune en soy) ont vertu spéciale,
Vertu estant divinement royale,
Où pourra l'on, selon leur hault mérite
Les allier en leur puissance égalle
Sinon en une et seule Marguerite?

placés presque immédiatement après celui qui est adressé à François Ier et que nous avons daté de 1536.[1]

La reine ne resta point insensible aux louanges d'un poète si célèbre dont le caractère sérieux et les rares talents devaient beaucoup lui plaire. Elle lui donna une preuve de son estime et de son amitié, lorsqu'elle fit publier, par son valet de chambre Jean de la Haye (Johannes Sylvius), en 1547, le recueil de ses poésies intitulé: *Marguerites de la Marguerite des princesses, très illustre royne de Navarre.*[2] A part Jean de la Haye qui a écrit une épitre liminaire de 220 vers adressée *à très illustre et très chrétienne princesse, Madame la princesse de Navarre,* et un poète anonyme qui a placé un sonnet à la fin du premier livre, signé de la devise *Amour demourra le maistre,* Maurice Scève est le seul qui ait eu l'honneur de joindre de ses vers aux productions littéraires de la révérée princesse, témoignage d'une confiance et d'une estime exceptionnelles. Le premier livre — *les Marguerites* —, et le second — *la Suyte des Marguerites* —, ont chacun pour introduction un sonnet signé M. SC., initiales qui ne peuvent se rapporter qu'à Maurice Scève, et leur style ne nous laisse aucun doute sur la personne de l'auteur.

Le premier de ces sonnets s'adresse *aux Dames, des vertus de la très illustre et très vertueuse Princesse Marguerite de France, royne de Navarre devotement affectionnées.* C'est Diane, la déesse du mysticisme platonique, qui y chante la princesse, dont l'esprit est semblable à la lumière de la lune par sa clarté douce et tranquille.

> Bien que je soys la plus clere d'icy,
> Je ne reluys pénétramment qu'en l'eau:
> Ou du bas monde un seul royal cerveau
> Ça-haut me passe, et les neuf cieux aussi,
> Qui me fait croire (et croire fault ainsi)
> Que quand ça sus son esprit clair et beau
> Retournera pur intellect nouveau
> Il te rendra, Phœbus, moins esclercy.

> De la claire unde yssant hors Cytharée
> Parmy Amours d'aymer non résolue,
> En volupté non encor esgarée,
> Mais de pensée et de fait impolue,
> Lorsques Prognes le beau Printemps salue,
> Et la mer calme aux vents plus ne s'irrite,
> Entre plusieurs vit une Marguerite
> Dans sa coquille, et la prenant: j'eslis
> Ceste, dit-elle, en pris, lustre et mérite
> Pour décorer (un temps viendra) le Lys.

[1] *Délie,* dizain 252 (cf. p. 47).

[2] Lyon, Jean de Tournes 1547. L'extrait des registres du Parlement de Bordeaux est daté du 29 mars 1546 (nouveau style 1547).

> Cecy chantant, Dyane entre les Dieux
>> Disoit encore: Et en sa bonne grace
>> Je m'y plairai, et tous l'advouerez.
> Parquoy ayant, Dames, devant vos yeulx
>> Ces rayz très saintz de si haulte efficace
>> En les louant, nostre honneur louerez.

Voilà bien des passages très significatifs pour l'état d'âme de la reine de Navarre pendant ses dernières années; c'est bien l'aspiration vers le divin de ce *royal cerveau* qui passe *les neuf cieux* et dont le poète espère qu'il y retournera *pur intellect nouveau,* plus rayonnant que le soleil même. Ce sont les mêmes idées que Rabelais exprime dans la dédicace du *tiers livre de Pantragruel: à l'esprit de la royne de Navarre;* idées qui sont des témoignages si précieux pour la vie intérieure de l'auteur de l'*Héptaméron* à cette époque où elle était tellement accablée par toutes sortes de malheurs, que les spéculations philosophiques et théologiques restaient l'unique consolation de cette femme singulière.[1]

Le sonnet qui sert d'introduction à *la Suyte des Marguerites,* est adressée à *Jeanne d'Albret, Infante de Navarre.*[2] Il n'est pas aussi intéressant que le premier, n'étant qu'un panégyrique des superbes qualités de l'illustre princesse, donnée en exemple à sa fille.

> La Marguerite où la celeste Aurore
>> De ses couleurs print l'imitation
>> S'esclot ici en la perfection
>> Qui saintement ce Monde emperle et dore:
> Et de la France ainsi le nom décore
>> Que par chrestienne et rare invention,
>> Discours divins et haulte affection
>> Avec le ciel la terre en Dieu adore.
> Dont du soleil de ses vertus le lustre,
>> Maugré le temps illustrera tout aage
>> Par éternelle et heureuse mémoire.
> A celle fin que vous, Princesse illustre
>> Estant miroir de sa royale image
>> Soyez aussi image de sa gloire.

---

[1] Cf. les ouvrages suivants d'*Abel Lefranc:* Les dernières poésies de la reine de Navarre. Paris, A. Colin 1896. — Le platonisme de la Renaissance française. Revue d'hist. litt. III p. 1. — Marguerite de Navarre et le platonisme de la Renaissance. Bibl. de l'Ecole des Chartes. LVIII p. 259, LIX p. 712.

[2] Abel Lefranc (Revue d'hist. litt.) ne se prononce pas sur l'auteur de ce sonnet qui est pourtant signé M. SC. Par contre il attribue à Scève le sonnet à la fin de la première partie signé: *Amour demourra le maistre.* Or il est très probable que ce deuxième sonnet n'est pas de Scève; rien ne l'aurait empêché de le signer aussi bien que les autres; ce n'est pas son style, du reste. Je ne sais pas qui se cache derrière cette devise.

Notons ici déjà un rapport singulier entre Marguerite et Maurice Scève : la poésie qui suit ce deuxième sonnet, l'*Histoire des Satyres et Nymphes de Dyane* n'est qu'une amplification, on pourrait même dire une moralisation dans le sens du moyen-âge d'un épisode de *la Saulsaye* de Scève, publiée la même année.

C'est en première ligne grâce à l'influence de l'auteur de l'*Héptaméron* que les Lyonnais ont commencé à cultiver la nouvelle science du platonisme. Lyon n'est point la première ville de France où l'on se soit rallié à cette doctrine. Les premières traductions latines et françaises de Platon qui soient sorties des presses françaises, ont toutes paru à Paris qui a été bien avant Lyon un grand centre de l'humanisme, et c'est seulement à partir des relations entre les Lyonnais et la reine de Navarre que les imprimeurs de la ville commencent à s'occuper dans leurs officines des ouvrages du grand disciple de Socrate. Les premiers humanistes qui leur fournissent des traductions françaises de Platon, sont justement des protégés, des familiers même de Marguerite : Bonaventure Despériers et Etienne Dolet.[1] A partir de ce moment, les éditions lyonnaises de Platon, latines et françaises, vont se suivre avec une rapidité étonnante.[2]

Le terrain, il est vrai, ne pouvait nulle part être mieux préparé qu'à Lyon à recevoir la semence du platonisme. Il y avait déjà presque un siècle que la ville était en contact avec les Florentins qui avaient apporté dans leur nouvelle patrie la façon de penser qu'ils avaient acquise à l'Académie de Laurent de Médicis, dans le commerce avec Marsile Ficin et Pic de la Mirandole. Des Vénitiens qui avaient fréquenté les cercles où conversaient Alde Manuce et d'autres savants, apportaient aussi un souffle de la nouvelle philosophie. La joie de vivre et le goût de l'élégance, nés dans de nombreuses fêtes et par le contact avec la cour, donnaient aux Lyonnais le besoin de quitter la vie rude du moyen-âge. Vers 1535, les humanistes de la ville se souvinrent de Platon à tout moment dans leurs vers latins. Et si les libraires lyonnais

---

[1] Le Recueil des Œuvres de Bonaventure Des Périers (Lyon 1544) est introduit par *le Discours de la Queste d'Amytié, dit Lysis de Platon*, traduit probablement vers 1541. (Revue d'hist. litt. III p. 13.)

Deux Dialogues de Platon, l'un intitulé Axiochus qui est des misères de la vie humaine, de l'immortalité de l'âme, et l'autre Hypparchus qui est de la convoitise de l'homme touchant la lucrative, traduicts par Estienne Dolet. Lyon, Dolet 1544. en-16. On sait qu'un passage du premier des deux dialogues a été le prétexte de la condamnation du traducteur.

[2] *Omnia divini Platonis Opera tralatione Marsilii Ficini, emendatione Simonis Grynæi.* Lugduni, apud Ant. Vincentium 1548. — *L'apologie de Socrate, traduicte en françois par Fr. Hotmann.* Lyon, S. Gryphe 1549. — *Platoni Opera*, Lugduni apud Joh. Tornæsium 1550. — *Platonis Gnomologia græco-latina, per locos communes digesta.* (a Nic. Liburnio Veneto). Lugduni apud Tornæsium 1555, 1560, 1582.

ne s'occupaient pas encore des ouvrages de Platon même, ils ne dédaignaient pas d'imprimer des productions de la littérature italienne tout imprégnées de sa doctrine : à savoir ceux de Pétrarque, de Castiglione et de Léon Baptiste Alberti.

L'étincelle qui devait allumer dans la société mondaine et française de Lyon la nouvelle lumière : l'aspiration déterminée vers la philosophie de la Renaissance, partit de la cour de Marguerite. Un de ses familiers et pensionnaires, *Antoine Héroët*, le futur évêque de Digne, publia en 1543[1] chez un autre protégé de la reine — Etienne Dolet — un poème qui voulait expliquer aux lecteurs français la doctrine de l'amour telle que l'avaient comprise le disciple de Socrate et ses admirateurs italiens. C'est *la Parfaicte Amye* (poème en trois chants)[2] qui était accompagnée de la traduction de deux fragments de dialogues de Platon : *l'Androgyne*, extrait du Banquet, et *l'Accroissement d'Amour, aultre invention extraite de Platon*.

La *parfaicte Amye* valut à son auteur le titre d'*heureux illustrateur du haut sens de Platon* (du Verdier). La femme idéale dont il nous trace le portrait est une élève très enthousiaste de Platon et des mystiques alexandrins, comme Bourciez l'a déjà remarqué.[3] Elle ne connaît point la jalousie, car son amour n'est point charnel; le vrai amour terrestre ne peut être que la réapparition d'un amour de la préexistence, et sa forme la plus pure sera la reconnaissance d'une femme pour la vertu que son amant lui a enseignée dans le sens de l'école platonique; à savoir l'instruction et le progrès intellectuel, esthétique et moral. „*Sûre de conserver, en dépit de toutes les vicissitudes, le cœur de son ami, la parfaite amie dédaigne l'opinion des hommes et se promène à travers le monde, sereine et forte, tout entière au sentiment qui l'occupe et vivant d'une vie idéale, dont rien ne peut rompre la paix ni l'harmonie.*" (Lefranc.)

---

[1] Une première édition en avait paru en 1542, à Lyon chez Pierre de Tour, et à Troyes.

[2] Cf. une analyse de ce petit livre et une appréciation de son immense succès chez *Abel Lefranc*, Le tiers livre de Pantagruel et la querelle des femmes. Revue des Etudes Rabl. tome II, p. 91 ff.

[3] *E. Bourciez.* Les mœurs polies et la littérature de cour sous Henri II, Paris 1886. p. 132. — Un passage d'une ode, adressée par du Bellay à Héroët nous prouve que celui-ci était regardé comme Lyonnais et exerçant une grande influence sur cette ville.

> Ta muse, des Graces amie,
> La mienne à te louer semond,
> Qui sur le haut du double mont
> As érigé l'Académie.

Cela veut dire que Héroët a introduit à Lyon les doctrines platoniciennes. En tout cas, du Bellay ne vise pas, avec ces mots, la prétendue Académie de Fourvière, ni une autre qui aurait disparu sans laisser de trace.

La vieille école gauloise dont le chef était Marot et qui se ralliait à l'idéal de l'amour exprimé dans la deuxième partie du *Roman de la Rose* (si l'on peut appeler cela un idéal) et dans les romans de chevalerie, n'accepta pas les idées immatérielles et exaltées de la *parfaite Amie*. Un élève de Marot, *Jean Boiceau de la Borderie*, poitevin, entama la polémique par l'*Amye de Court* (Paris 1543). Il y chante une femme mondaine qui ne voit dans l'amour qu'une source d'amusements et qu'un moyen d'exercer sa puissance; c'est la *négation de la vie du cœur* la plus cynique qu'on puisse imaginer.

La réponse à cette œuvre banale et prolixe vint de Lyon. *Charles Fontaine* (parisien, ainsi qu'il n'oubliait jamais d'ajouter à son nom) également disciple de Marot, mais plus instruit puisqu'il savait tourner aussi des vers latins[1] et connaissait les doctrines platoniciennes, riposta par la *Contre-Amye de Court* (Lyon 1543). Il y chante un amour pur et désintéressé, ne voulant ni honneurs ni richesses, mais seulement l'accroissement de la vertu des deux amants; au fond ses idées ne diffèrent guère de celle de Héroët.

La discussion n'était pas finie encore: *Paul Angier* de Carantan s'efforça de faire triompher les théories de la Borderie; *Papillon*, un autre „marotique" à la façon de Charles Fontaine, se décida à appuyer ce dernier et Héroët. En 1547 encore, *Gilles d'Aurigny* chercha à faire renaître la querelle avec son *Tuteur d'Amour*.

Le public s'intéressait beaucoup à cette controverse dont la pédanterie était bien dans l'esprit du temps. C'était une lutte de principe entre le moyen-âge et la Renaissance. Au temps des trouvères on avait réfléchi presque autant sur l'amour qu'à l'époque des humanistes, et on avait voulu en faire un art ou une science. On avait même cherché des arguments dans l'antiquité: la morale décadente de l'*Art d'aimer* d'Ovide avait exercé une influence prépondérante; et c'est la même morale que nous trouvons dans les livres les plus répandus en France avant cette époque: dans le *Roman de la Rose*, dans les vers de Marot et de Saint-Gelais, dont les adversaires de Héroët ont hérité. La Renaissance et la Réforme exigeaient une morale plus sérieuse, plus délicate et plus idéale, elles la trouvaient dans la philosophie de Platon.

Il va sans dire que beaucoup de Français comprirent toute l'importance de cette controverse: Jean de Tournes et d'autres éditeurs en profitèrent pour faire une édition collective de tous ces petits poèmes qui fut publiée plusieurs fois sous le titre *Opuscules d'Amour*.[2]

[1] *Borbonius*, Nugæ. éd. Bâle 1540. p. 15.
[2] Jean de Tournes 1547, 1550, 1556, 1586. Paris, Galiot du Pré 1544.

Il n'y a presque point d'écrivain français, entre 1540 et 1550, qui n'ait pris part à cette discussion à laquelle nous devons (Abel Lefranc vient de le prouver), à côté de nombreux ouvrages oubliés aujourd'hui, des chefs d'œuvre comme l'*Heptaméron* et *le tiers livre de Pantagruel.* Mais ce sont justement les auteurs les plus sympathiques qui se gardent de donner à leurs ouvrages des allures polémiques, sachant bien que la plupart des collaborateurs des *Opuscules d'Amour* avaient choqué le goût raffiné de la Renaissance par leurs petits poèmes pédantesques et criards. Cela dut être l'avis de Maurice Scève qui se rangea certainement du côté d'Héroët. Dès sa jeunesse il avait été admirateur fervent de Pétrarque, et, dans le commerce qu'il avait eu avec des Italiens instruits — avec des Florentins surtout — déjà comme étudiant, le nouvel esprit et la nouvelle philosophie n'avaient pu lui rester cachés. Ses *Blasons* en font foi par la chasteté de leur langage, par l'immatérialité extraordinaire de leurs idées et par l'indépendance de leur conception. Depuis, il n'avait pas cessé de faire des poésies d'amour qui circulaient chez ses amis, et qu'on le priait de publier.

A ce moment l'occasion lui parut favorable de les mettre en lumière. De nombreux Français avaient abandonné les préjugés de la tradition gauloise concernant les relations des deux sexes; la dispute engagée par Héroët avait frayé la voie à une conception nouvelle de l'amour, identique à celle de Pétrarque et des autres poètes lyriques de l'Italie qui avaient servi de modèle à Maurice Scève. Il ne lui restait qu'à grouper ses poésies, à éliminer celles qui ne convenaient pas au cadre du livre qu'il se proposait de publier, à compléter peut-être le nombre de celles qu'il allait accepter dans son recueil, auquel il voulait donner une disposition symétrique en groupant les dizains (d'autres formes poétiques n'étaient pas admises) d'après des principes mathématiques. Il réussit si bien à faire ressembler ce recueil de vers d'occasion à un poème fait d'un seul jet que même un critique aussi expérimenté que M. F. Brunetière a été trompé par cet arrangement.

Le nom par lequel Scève désigne la femme à laquelle sont adressés tous ces vers, fut le titre du livre; le poète y ajouta la qualité qui la distinguait à ses yeux et qui la lui rendait chère: *Délie, object de plus haulte vertu* parut en 1544 chez le marchand libraire Antoine Constantin (homme de tendances évangéliques), imprimée par Sulpice Sabon. C'était probablement au printemps; le privilège du libraire est daté du 30 octobre 1543.

La *Délie* est l'ouvrage principal de Maurice Scève; ses contemporains et les critiques modernes le connaissent surtout comme auteur de ce livre, et presque toute l'influence que le chef reconnu de l'école lyonnaise a exercée sur la littérature de son siècle est l'œuvre de la *Délie*. L'objet d'une autre étude qui sera publiée sous peu, sera d'analyser les idées et le langage de cet ouvrage étrange que les historiens de la littérature française ont jugé si différemment.

Malheureusement nous ne savons que très peu de chose sur le succès immédiat de cette principale publication de Maurice Scève. L'année 1544 ne fut guère heureuse pour la France politique et littéraire. Charles-Quint occupait la Champagne et avançait jusqu'à Château-Thierry, presque sous les murs de Paris. Henri VIII avait fait une invasion en Picardie avec une armée redoutable et seul le mauvais état de santé et la sénilité des monarques alliés sauvèrent la France dans ce moment désespéré. La paix de Crespy du 18 septembre lia les mains de François Ier et les persécutions contre les hérétiques allèrent redoublant en France au grand péril de la liberté de l'esprit et de la littérature; le printemps de 1545 amena le massacre des vaudois à Cabrières. — Etienne Dolet fut incarcéré cette même année 1544, et l'on instruisit son procès qui ne finit que sur le bûcher de la place Maubert. Bonaventure Despériers chercha une mort volontaire. Clément Marot finit sa vie dans l'exil et dans la misère à Turin. Bref, le temps n'était pas propice pour un recueil de poésies lyriques très difficiles à comprendre et qui n'avaient pas les qualités propres à égayer une société plongée dans les calamités.

D'autre part, le contraste entre la poésie légère et gracieuse de Marot et de Saint-Gelais dont la renommée était à son apogée, et les vers sérieux, quintessenciés et obscurs de la *Délie* était si grand, que personne ne s'étonnera de trouver des témoignages qui nous assurent que le premier succès du livre fut très médiocre et qu'on ne le goûta que quelques années après sa publication.

En 1553 *Guillaume des Autels*, ami très intime et admirateur de Scève, nous apprend que *la Délie... (combien qu'elle ait quelques ans demeuré sans crédit sus le vulgaire) a enhardy tant de bons esprits de nous purger de telle peste*. (D'une poésie sans idéalisme.)

Et dans le *Solitaire premier* de *Pontus de Tyard*, qui est un dialogue sur la fureur poétique (malheureusement non encore assez étudié pour la connaissance de la poésie lyrique du seizième siècle), *Pasithée*, l'interlocutrice du *Solitaire*, lui adresse les paroles suivantes: *Vous souvient-il point de celuy qui un jour arrivant ici me trouvant une Délie en mains: et de quelle grace, l'ayant prinse*

---

[1] *Guillaume des Autels.* Amoureux Repos. Lyon, Jean Temporal 1553. Préface: A sa Sainte.

et encor non leu le second vers entier, il se rida le front et la jeta sur la table à demi courroucé? — A quoi le Solitaire répond : Oh, si fais deà, et ay bien mémoire qu'entre autres choses quand je le vys autant nouveau et incapable d'entendre la raison que les doctes vers du Seigneur Maurice Scève (lequel vous savez, Pasithée, que je nomme toujours avec honneur), je luy respondis qu'aussi se souciait bien peu le Seigneur Maurice que sa Délie feust vëue ny maniée des veaux.[1]

Voilà ce qui explique que Scève ne chercha pas même un grand succès populaire, mais seulement l'approbation de quelques amis qui partageaient ses idées et ses sentiments.[2]

CHAPITRE SIXIÈME

PERNETTE DU GUILLET ET LES FEMMES DE LA RENAISSANCE LYONNAISE.

Un heureux hasard nous a conservé le nom de la femme à laquelle s'adressent les vers ardents de Maurice Scève.

Le 17 juillet 1545, une année après la publication de la *Délie,* mourut à Lyon, dans la fleur de sa jeunesse *Pernette du Guillet,* femme célèbre d'un mari parfaitement inconnu. Dans cette société lyonnaise où il y avait tant de faiseuses de vers, elle avait réussi à se faire une renommée de poète. Antoine du Moulin qui se sentait à cette époque la vocation de mettre en lumière les ouvrages des génies trop tôt éteints, (par exemple son pauvre ami Despériers) se hâta de publier les rimes de *celle vertueuse, gentille et toute spirituelle Dame,* déplorée par tout Lyon. Son *dolent mary* fit son possible pour secourir l'éditeur, en lui procurant tous les manuscrits de l'illustre défunte. L'épître dédicatoire de du Moulin *aux Dames lyonnaises* qui est datée du 14 août 1545, nous fournit quelques renseignements sur la vie et le caractère de Pernette.[3]

---

[1] *Pontus de Tyard.* Solitaire premier. Lyon, Jean de Tournes 1552 p. 59—60.

[2] Cf. plus loin les reproches que *Thomas Sibilet* adresse aux envieux et détracteurs de Scève.

[3] *Rymes de gentille et vertueuse dame D. Pernette de Guillet, Lyonnoise.* Lyon, Jean de Tournes 1545 (autre édition de Paris 1546, réimpression, Lyon, L. Perrin 1830).

En feuilletant le petit recueil, on se persuade aussitôt que ce ne sont pas là les vers d'un disciple de Marot. On y trouve de nombreux dizains, huitains, quatrains et chansons, mais point de rondeaux, ballades, chants royaux *ou aultres telles épiceries*. L'inspiration elle aussi a changé depuis les temps de Marot et de Saint-Gelais; à chaque page on remarque des traces du platonisme.

On se persuade facilement que toutes ces poésies sont adressées à un même personnage, homme célèbre pour ses vastes connaissances scientifiques, pour sa vertu, sa chasteté même; poète illustre par son éloquence et sa „faconde", par sa plume *en douceur tant fluante* et son esprit *qui esbahit le monde*. Pernette aime cet homme non point pour sa beauté, mais parce qu'il a changé la nuit d'ignorance qu'elle avait dans son âme, en gaie lumière de science et de liberté. Ces circonstances seules suffiraient à nous faire identifier ce personnage avec Maurice Scève.

Mais voici une preuve qui ne laisse aucun doute sur le nom de l'homme objet de tant de vers amoureux. Un des premiers et plus caractéristiques des dizains imprimés dans les *Rymes* est conçu de la façon suivante:

> Puisqu'il t'a pleu de me faire congnoistre
> Et par ta main le VICE A SE MVER,
> Je tascherai faire en moy ce bien croistre
> Qui seul en toy me pourra transmuer;
> C'est à sçavoir de tant m'esvertuer
> Que congnoistras que par égal office
> Je fuirai loing de l'ignorance le vice,
> Puisque désir de me transmuer as
> De noire en blanche, et par si hault service
> En mon erreur CE VICE MVERAS.

Les mots en caractères relevés par l'impression forment deux fois l'anagramme de MAVRICE SCEVE.[1]

On pourrait objecter encore que cet amour de Pernette du Guillet pour Maurice Scève, ne fut pas payé de retour et que Pernette ne fut par conséquent pas la Délie du poète. Mais une lecture plus attentive des *Rymes* nous amène au contraire à l'identification. Tous ces vers respirent le bonheur d'un amour réciproque et l'assurance d'une foi parfaite. Pernette n'exprime nulle part une incertitude ou un doute sur les sentiments du poète qu'elle adore, qui l'a chantée, comme elle dit; et son plus grand soin est de pouvoir payer par des louanges semblables, les louanges poétiques dont elle a été l'objet.

---

[1] Dans un autre dizain, Pernette appelle son amant *de nom et de faict trop sévère*. (Allusion au nom de Scève).

Par ce dixain clerement je m'accuse
De ne savoir tes vertus honorer,
Fors du vouloir qui est bien maigre excuse:
Mais qui pourroit par escript décorer
Ce qui de soy se peult faire adorer?
Je ne dis pas, si j'avais ton pouvoir,
Qu'a m'acquitter ne feïsse mon debvoir,
A tout le moins du bien que tu m'advoues.
Preste-moy donc ton éloquent savoir
Pour te louer ainsi que tu me loues.

Autre preuve de la réciprocité de leurs amours: les *Rymes*
de Pernette sont suivies de quatre épitaphes dont les deux premiers sont signées M. SC. (Maurice Scève). On est étonné de ne
pas y trouver les cris de douleur d'un amant qui a perdu sa
maîtresse; Scève fait abstraction de sa personne, ne voulant pas
mettre à nu son cœur devant le publie, et chante seulement les
hautes qualités de la défunte.

D'après ses poésies et d'après l'épître aux dames lyonnaises,
Pernette était bien digne de l'amour d'un poète. Antoine du Moulin
nous la présente comme un prodige dans tous les arts appréciés
dans un salon mondain, et dans les sciences qu'une société érudite
sait estimer. *Car veu le peu de temps que les cieulx l'ont laissée
entre nous, il est quasi incroyable comme elle a peu avoir le loysir,
je ne dis seulement de se rendre si parfaictement asseurée en tous
instruments musicaulx, soit au luth, espinette et aultres, lesquels
de soy requierent une bien longue vie à s'y rendre parfaictz comme
elle estoit, et tellement que la promptitude qu'elle y avait, donnoit
cause d'esbahissementz aux plus experimentéz: mais encores à si
bien dispenser le reste de ses bonnes heures qu'elle l'ayt employé
à toutes bonnes lettres, par lesquelles elle avoit eu premièrement entière et familière congnoissance des plus louables vulgaires (outre
le sien) comme du Thuscan[1] et du Castillan,[2] tant que sa plume*

---

[1] Parmi les vers français des *Rymes,* il y a aussi deux madrigaux italiens;
j'en cite un pour prouver que le platonisme n'avait point étouffé la volupté dans
l'âme de Pernette.

>Colpa ne sei amor, se troppo volsi
>Aggiongendo alla tua la bocca mia:
>Ma se punir mi vuoi di quel che tolsi,
>Fa che concesso il replicar mi sia:
>Che tal dolcezza in le tuoi labbia accolsi,
>Che fu lo spirto per partirsi via;
>Sò qu'al secondo bacio uscirà fuora:
>Baciami dunque se tu vuoi ch'i muora.

Malgré le peu de correction (le *tuoi* labbia!), cet italien me parait assez élégant. — Dans un dizain, Pernette décide de la valeur des langages italien et français en disant que *celuy depeinct que cestuy veult dire.*

[2] Elle fait passer la *Suyte de la Déploration de Vénus sur la mort du bel
Adonis* (poésie commencée par Mellin de Saint-Gelais) pour une version *de l'es-
paignol du Conde Claros de Adonis.*

*en pouvoit faire foy: et après avoit ja bien avant passé les rudi-
mentz de la langue Latine, aspirant à la Grecque*[1] *(si la lampe de
sa vie eust peu veiller jusques au soir de son eage) quand les
Cieulx nous enviantz tel heur la nous ravirent.* Voilà ce que du
Moulin appelle les vertus à l'aspiration desquelles il exhorte les
dames de Lyon. Pernette n'avait rien négligé *pour participer de
ce grand et immortel los que les Dames d'Italie se sont aujourd'hui
acquis* et si l'on entend par vertu la *virtù* des Italiens de la Renaissance, la maîtresse de Scève était vraiment *l'object de plus
haulte vertu.*

Malheureusement les autres documents qui nous renseignent
sur la vie de Pernette du Guillet, sont en très petit nombre. Je
n'en connais que deux, et ces deux seuls témoignages se contredisent de la manière la plus absolue·

Guillaume Paradin, dans son histoire de Lyon,[2] consacre un
chapitre tout entier *à deux Dames Lyonnoises, en ce temps excel-
lantes en sçavoir et Poésie; soubz le Roy Frauçoys I*ᵉʳ *et Henri II*ᵐᵉ.
La plus grande partie de ce chapitre nous chante en termes exaltés
les louanges de Louise Labé dont il admire *la face plus angélique
que humaine,* et l'esprit *tant chaste, tant vertueux, tant poétique,
tant rare en sçavoir qu'il sembloit qu'il eust été créé de Dieu pour
estre admiré comme un grand prodige entre les humains.* Après
un résumé du *Dialogue d'Amour et Folie,* il ajoute: *Et ne s'est
ceste Nymphe seulement fait congnoistre par ses écritz, ainçois par
sa grande chasteté.* Voici les dernières lignes du chapitre relatives
à la maîtresse de Scève:

*L'autre dame estoit nommée Pernette du Guillet, toute spirituelle,
gentille et treschaste, laquelle a vescu en grand renom de tout
meslé sçavoir, et s'est illustrée par doctes et éminentes poésies, pleines
d'excellence de toutes graces. Elle trespassa de ce siècle en meilleure
vie l'an de salut 1545. Les poètes français célébrèrent ses obsèques.*

Voilà un témoignage que nous accepterions volontiers, s'il
n'était contredit par un autre d'égale valeur.[3] En 1604 *Claude de
Rubys* publie sa *Véritable Histoire de Lyon.* Dans une préface
adressée aux consuls et échevins de la ville, il critique durement

---

[1] Dans une poésie de Pernette, Amour dit à une bourgeoise: *calliméra* ($= \varkappa\alpha\lambda\grave{\eta}$
$\acute{\eta}\mu\varepsilon\rho\alpha$ bonjour). Le maitre qui lui donnait des leçons de grec prononçait cette
langue à la manière des Grecs modernes, à juger d'après cette graphie. C'était probablement Maurice Scève qu'elle appelle souvent son jour, une fois *Iméra* $= H\mu\varepsilon\rho\alpha$
(cf. réimpression des *Rymes* de 1830).

[2] Lyon, Antoine Gryphe 1573, chap. XXIX, p. 355·

[3] *Charléty* (Bibliographie de l'Hist. de Lyon) appelle l'ouvrage de Paradin une
compilation laborieuse, sans critique, et dit que Rubys qui prétend le rectifier, n'a
guère plus de critique que lui. Pourtant les deux historiens ne sont pas sans valeur, quand il s'agit de choses qu'ils ont vues ou dont le souvenir était encore vivant chez leurs contemporains.

l'histoire de Paradin qui a été, d'après Rubys, *de ces gens qui croient et escrivent légèrement.* Par opposition à son prédécesseur, il veut écrire *une histoire véritable, pour le vérifier par le récit de plusieurs discours fabuleux qu'il a employez et affirmez pour véritables dans ses écrits.* Et le fait qu'il allègue comme exemple de la crédulité de Paradin, est précisément cet hommage immérité à Louise Labé et à Pernette du Guillet.

D'après lui *Louise Labé est renommée non seulement à Lyon mais par toute la France soubs le nom de la belle Cordière pour l'une des plus insignes courtisanes de son temps.*[2] Pernette du Guillet aurait été pire encore; les expressions avec lesquelles il parle d'elle sont telles que nous n'osons les rapporter.

Ne connaissant que ces deux documents il semble presque impossible de se faire une opinion impartiale sur Pernette du Guillet. La témérité de Rubys eût été grande s'il avait déclaré fausse une histoire que chaque consul ou échevin (les plus âgés de ces hommes ont dû connaître du moins Louise Labé) pouvait vérifier sans difficulté. Devant un conseil d'hommes mûrs qui l'ont connue, comment oser nommer une femme chaste, „*une des plus insignes courtisanes de son temps* renommée comme telle dans toute la France?"

Mais ces deux témoignages si opposés nous montrent du moins que Pernette du Guillet et Louise Labé appartiennent à la même classe de femmes: l'une et l'autre sont des dames „très chastes, très honorables et très vertueuses", ou des courtisanes. On a souvent débattu la question à propos de Louise Labé sans arriver à la trancher, à mon avis; mais si l'on y parvient on pourra peut-être en appliquer les conclusions à Pernette du Guillet. Nous avons très peu de documents qui nous renseignent sur Pernette, nous pouvons y suppléer par ceux que nous avons sur Louise; ils sont très nombreux et nous arriverons aisément à connaître la belle Cordière. Mais il nous faut y puiser avec une impartialité complète, sans cette galanterie posthume et cette pruderie sentimentale qui ont si souvent faussé les jugements sur cette femme célèbre, dont la figure est de la plus grande importance dans un tableau de la Renaissance lyonnaise.

---

[1] *Jules Favre* (Olivier de Magny, p. 118) dit pour diminuer la valeur du témoignage de Rubys: *il prend un seul exemple pour vérifier* ... Il semble oublier que toute l'*Histoire véritable* n'est d'un bout à l'autre qu'une réfutation de l'histoire de Paradin qu'il convainc plusieurs fois de crédulité et de plagiat. Le mot *seul* n'est juste que pour la préface.

[2] Déjà en 1574, huit ans après la mort de la belle Cordière, Claude de Rubys cite *Louise Labé que chacun sçait avoir fait profession de courtisane publique jusques à sa mort.*

6

Parcourons d'abord les *Ecriz de divers poètes à la louenge de Louize Labé* qui ont été imprimés avec ses *Œuvres*. D'après la réédition que j'ai en mains,[1] les poésies de la célèbre Lyonnaise (3 élégies et 24 sonnets, — je ne compte pas le *Débat de Folie et d'Amour)* comprennent vingt-huit pages, les vers de ses admirateurs (25 pièces) cinquante pages. Cette disproportion me semble témoigner d'un certain snobisme.[2] Seuls les pauvres poètes forcés de gagner leur pain par des vers se permettaient une telle faiblesse; Clément Marot, Maurice Scève, Antoine Héroët, les poètes de la Pléïade, n'usaient pas d'une telle réclame.

Le contenu de ces poésies parvient encore moins à nous persuader de „l'honnêteté" de la belle Cordière. Elle permettait à ses admirateurs de chanter en latin et français, dans son propre livre, *de Aloysæ Labæœ osculis, (à Louise Labé sur son portrait),* et de décrire certains détails de sa beauté qu'on ne dévoilait pas même dans ces temps pourtant si peu prudes.[3] Quelques-uns de ces poètes adressaient bien aussi des hommages à la chasteté de Louise, à l'instar de Paradin; mais qu'est-ce que cela prouve? Ce sont des compliments en style pétrarquisant, ce qui les rend plus que suspects.

Des documents plus impartiaux nous renseignent sur les mœurs de la belle Cordière. Les registres du Consistoire de Genève[4] contiennent sous la date du 14 juillet 1542 la notice suivante. *Estienne Robinet, libraire, dépose devant le Consistoire dans l'affaire de Jean Ivart, chirurgien qui plaidait en divorce par ce que sa femme, amie de Loyse Labé de Lyon, dite la belle Cordière, avait été corrompue par ladite Loyse, au point qu'elle l'a abandonné et a voulu l'empoisonner tant en un œuf que dans la soupe. Du présent, dit-il, est à chacun notoire qu'elle se gouverne fort mal et ordinairement fréquente sa cousine, la belle Cordière, et tient fort mauvais train.* — Voilà un acte officiel très impartial, d'une époque où Pernette vivait encore, et qui nous désigne Louise Labé comme une femme de mauvaise conduite.[5]

---

[1] Lyon, Durand et Perrin 1824.

[2] *Elle* (L. Labé) *monte trop à cheval et s'en vante trop, elle a des airs bravaches et faussement langoureux, elle sent la décadence. (Maulde-la Clavière,* Les Femmes de la Renaissance).

[3] *Gabriel de Minut* nous donne aussi dans son *Livre de la Beauté* (Lyon 1587, dédié à Catherine de Médicis) une description très détaillée et „minutieuse" des beautés de Louise Labé.

[4] Cités dans *Gaullieur,* E. H. Etudes sur la typographie genevoise. Genève 1885.

[5] Si la date de naissance 1526 qu'on donne d'habitude (par ex. Jules Favre, Laur etc.) à Louise Labé était juste, elle aurait eu seulement seize ans à cette époque. Or, cette date est fausse. On l'a conjecturée sur la foi de la troisième élégie de Louise, où elle dit:

Les relations entre Lyon et Genève étaient constantes à cette époque, particulièrement entre les libraires et imprimeurs des deux villes, également enclins à la Réforme. Calvin passa plusieurs fois par Lyon, il en recevait toujours des nouvelles, et connut sans doute la renommée de la belle Cordière. Dans un pamphlet de 1560 contre Gabriel de Saconay, prêtre lyonnais, il reproche à celui-ci une vie immorale et peint sa maison comme un lieu de débauche. Il l'accuse d'avoir introduit à ces banquets des femmes en habits d'hommes. *Hunc ludum quam sæpe tibi præbuit plebeia meretrix quam partim a propria venustate, partim ab opificio mariti Bellam Corderiam vocabant.* Connaissant l'intempérance des invectives du seizième siècle, nous n'attribuerons pas trop de valeur à ce passage. Pourtant il faut convenir que Calvin avait l'intention de blesser le seul Gabriel de Saconay, et non Louise Labé; il n'arriva à son but qu'en le mettant en rapports intimes avec une femme dont la dépravation n'était un secret pour personne.[1]

Quelques mois avant la publication des *Œuvres* de Louise Labé parut un livre qui était destiné uniquement à chanter la gloire des femmes. C'est *Le Fort inexpugnable de l'Honneur du Sexe Féminin* par *François Billon* (Lyon 1555). L'auteur y parle des louables qualités de Louise Labé *qui des cieux sont procédées, de ses graces et gentilles perfections,* mais aussi de ses dispositions mauvaises, *qui ont été développées par les hommes;* il l'appelle *lubrique* et *autrement vicieuse* et blâme *ses sâfres déduytz.* Il nous atteste qu'elle avait partout la réputation de mœurs plus que légères, et qu'on avait l'habitude de la comparer à Cléopâtre[2] pour sa perversité et lubricité.

Je n'avais vu encore seize hivers
Lorsque j'entray en ces ennuis divers;
Et jà voici le treizième esté
Que mon cœur fust par Amour arresté.

Mais on a oublié que les dates de la composition et de la publication de cette élégie ne sont point identiques. Le *privilège d'impression* de l'édition originale dit: *Reçu avons l'humble supplication de ... Louise Labé Lyonnoise contenant qu'elle aurait dès longtemps composé quelque dialogue de Folie et Amour, ensemble plusieurs sonnets, odes et épîtres ...*

[1] *Gratulatio ad venerabilem presbyterum Dominum Gabrielem de Saconay* Calvin, Œuvres. Amsterdam 1667. tome VIII. p. 321—330. — Le pamphlet de Calvin a été traduit par Th. de Bèze en 1565: *Recueil des opuscules de Jean Calvin, les uns revus et corrigez, les autres translatez nouvellement de latin en français.* Genève, Baptiste Pinereul 1566. — Voici le passage en question: *une paillarde assez renommée, à sçavoir la belle Cordière ...*

[2] Jules Favre (op. cit. p. 113) dit que Billon *n'a pas l'air de croire* à ces méchants bruits; mais il ne dit pas ce qui l'autorise à cette supposition. En parlant des hommes *qui sont auteurs de tous maux en toutes créatures,* Billon ne parle pas de leur médisance mais de leur manie de séduire les femmes, et ces *maux* sont bien les vices de la belle Cordière et non les bruits qui en circulent et qu'il n'essaie pas même de contredire. Pour excuser cette femme célèbre, il dit seulement que ses bonnes qualités compensaient les mauvaises. Du reste, en la comparant à un homme, il ne veut guère lui faire un compliment, après tout le mal qu'il vient de dire du sexe masculin.

En 1559 — Louise Labé vivait encore — un imprimeur lyonnais, Jean d'Ogerolles, publia un *Recueil des plus belles chansons
de ce temps*[1] où il avait inséré *la Chanson nouvelle de la belle Cordière*. Celle-ci y est désignée comme une courtisane de profession
qui reçoit ses amants — un Florentin, un avocat, un procureur,
un meunier — dans l'unique but *d'avoir de la pécune*. N'y avait-il
pas de tribunaux pour protéger contre un tel affront une femme
honnête, telle que Jules Favre et d'autres critiques nous peignent
Louise Labé? Et ses nombreux admirateurs, n'osaient-ils pas
rompre une lance pour la réputation de leur amie, attaquée publiquement par un calomniateur? Ou bien était-ce une chanson
populaire, cette *vox populi* qu'on ne combat pas si facilement
puisqu'elle a toujours un peu raison? Si personne n'a défendu
Louise à cette occasion, cela n'a pas été sans cause.

Rappelons encore l'*Ode à Aimon Perrin*[2] qu'*Olivier de Magny*
a publiée la même année 1559, et qui ne parait pas avoir été écrite
dans un jour de dépit (comme le dit Jules Favre), mais dans une
heure d'humeur excellente. Comment voir dans cette poésie la
vengeance d'un amant éconduit? Elle ne contient que des compliments pour la beauté de la belle Cordière, et ses qualités in-
tellectuelles et artistiques, tout en admettant qu'elle fut courtisane.
Les nombreux sarcasmes ne s'adressent qu'au bon Ennemond
Perrin, lequel semble en effet avoir joué un rôle qu'on n'a jugé
héroïque dans aucune période de l'histoire.

Autre témoignage assez intéressant: *Pierre de Saint-Julien*
révoque en doute l'authenticité du *Débat de Folie et d'Amour*,[3]
ne pouvant croire que cet ouvrage ait été composé par *une simple
courtisane*, il suppose une collaboration de Maurice Scève.

De tous les hommes du seizième siècle qui se sont occupés
de la belle Cordière, le plus impartial est sans doute *Antoine du
Verdier*. Il mérite notre entière confiance; il raconte le bon et le
mauvais sans louer et sans blâmer, sans rhétorique et sans moralisation. Comme dans toutes ses notices biographiques, il montre
la meilleure volonté de ne rapporter que la vérité.[4] Il place Louise
Labé sous la fiche *Courtisane lyonnoise* et continue : *autrement
nommée la belle Cordière, picquoit fort bien un cheval, à raison
de quoi les gentilshommes qui avaient accès à elle l'appeloient le
capitaine Loys; femme au demeurant de bon et gaillard esprit et
de médiocre beauté, recevoit gracieusement dans sa maison entretiens
de devis et discours, musique tant à la voix qu'aux instruments*

[1] cf. pour les sources de ce chapitre : *Gonon*. Documents hist. sur L. Labé
Lyon 1844.
[2] *Olivier du Magny*. Odes. A II. p. 222—226. cf. *J. Favre* op. cit. p. 123.
[3] Gemelles et Pareilles. Lyon 1584.
[4] Bibliothèque française. Lyon 1581.

où elle estoit fort duicte, lecture de bons livres latins et vulgaires,
italiens et espagnols, dont son cabinet éstoit copieusement garni.

Voilà des mots qui expliquent aussi bien le scandale des uns
que l'enthousiasme des autres. Rappelons-nous, pour comprendre
cet enthousiasme, que Lyon était au seizième siècle presque une
ville italienne, une autre Venise; en tout cas un grand centre du
commerce international — *celeberrimum totius Europæ emporium* —
renommé pour le bien-être et le grand luxe de ses habitants.
Les courtisanes italiennes n'y manquaient point, nous connaissons
les noms d'une *Malatesta* et d'une *Susanna* laquelle se vantait
d'avoir eu les faveurs du dauphin. Les courtisanes lyonnaises
avaient peut-être subi l'influence de ces Italiennes bien que celles-
ci ne fussent pas des représentantes célèbres de l'aristocratique
cortegiana onesta[1], comme *Tullia d'Afragona* auteur de sonnets
très platoniques; ou comme l'*Imperia* chantée même par le pieux
évêque de Carpentras, Sadolet; ou enfin comme *Veronica Franco*
connue aussi pour des poésies charmantes, pour ne nommer que
trois d'entre ces célébrités de la Renaissance italienne dont les
palais ressemblaient à des cours princières, et que des prélats et
des rois ne manquaient guère de visiter en passant par Rome
ou Venise. Types renouvelés de la sympathique hétaïre grecque,
ces femmes *dont la virginité du cœur pouvait résister à des épreuves*
professionnelles où le cœur n'entre pour rien (Maulde de Clavière),
s'illustraient plutôt par leur esprit et par le charme de leur conversation que par la beauté de leur corps et leurs artifices de
femme galante. Beaucoup d'entre elles étaient très adroites à
tourner des sonnets et des ballades, et leurs vers ne sont point
des plus mauvais du siècle. Leur instruction était souvent fort
étendue; les langues et littératures antiques ne leur restaient point
étrangères. Elles n'étaient pas toujours de basse origine, quelquefois même elles étaient mariées, et leurs maris n'étaient pas les
premiers venus; celui de Veronica Franco, par exemple, était
médecin et littérateur.

Il va sans dire qu'on connaissait à Lyon, au moins de nom,
ces courtisanes italiennes qui s'efforçaient d'acquérir toutes les
qualités et tous les arts qui pouvaient charmer les hommes de la
Renaissance. Les bourgeoises françaises étaient restées bonnes
ménagères et dévotes chrétiennes; n'ayant point changé depuis
le moyen-âge, à l'exception de quelques rares bas-bleus, elles
ne pouvaient guère représenter l'idéal de la femme pour des

---

[1] Voici quelques remarques bibliographiques sur cette question intéressante:
Graf. Veronica Franco, una cortigiana fra mille. (Attraverso il Cinquecento, To-
rino 1888). — *Maulde de Clavière.* Les femmes de la Renaissance. Paris 1898. p.
483—493. — *Ferrari.* Lettere di cortigiane del secolo XVI. Firenze 1884.

hommes dont les aspirations à l'amour et à la beauté avaient pris un essor plus haut. Même en Italie, Maulde de Clavière a oublié de nous le dire, il n'y avait que les princesses et les courtisanes qui pussent s'appeler vraiment des femmes de la Renaissance.

Pour comprendre l'apparition de ces courtisanes du seizième siècle, il nous faut sortir des conceptions morales de l'époque actuelle et du christianisme pour entrer dans le gai paganisme des Italiens de la Renaissance. Leur idéal de vertu était bien différent du nôtre, qui est avant tout passif. La *virtù* italienne est en première ligne *la puissance,* c'est à dire la force et l'art de développer son individualité dans une vie affranchie de préjugés; et selon les tempéraments, cette *virtù* s'applique à l'art, à la science, ou aux ambitions politiques, ou à l'amour. Dans l'épître liminaire des *Rymes* de Pernette du Guillet, Antoine du Moulin parle de la vertu d'une façon qui ne diffère guère de celle que nous venons d'exposer.

Cette morale explique l'estime dont jouissaient les courtisanes italiennes, et que souvent les femmes honnêtes enviaient. Les poètes italiens[1] rivalisaient à chanter les courtisanes *qui glorifiaient l'amour pur avec autant et plus de conviction que n'importe qui;* et — comme il y avait une contradiction éclatante entre la morale pratique du jour et le style lyrique, ce dernier n'ayant point changé depuis Pétrarque — on ne se gênait guère pour célébrer même la chasteté de ces femmes, et cela dans des termes plus enthousiastes encore que ceux du chantre de Laure.[2] En France, les maîtresses royales, Madame d'Estampes et Madame de Chasteaubriant, occupent une place toute semblable dans la poésie officielle.

Quiconque a étudié tant soit peu la civilisation de la Renaissance italienne, ne peut guère douter que Louise Labé n'ait été *cortigiana onesta.* Aucun document ne contredit cette hypothèse — pas même le témoignage de Paradin.

Tout ce qu'on a allégué jusqu'à ce jour contre sa qualité de femme vénale : son origine de bonne famille bourgeoise, son mariage avec un cordier assez riche, son amitié pour Clémence de Bourges, les compliments que lui ont adressés des personnages

---

[1] Entre autres Vittoria Colonna et Michel-Ange.

[2] Voilà qui explique même les louanges de Paradin concernant *la grand chasteté* de Louise Labé et de Pernette du Guillet. Comparez à ce sujet la lettre qu'un anonyme adresse sous le pseudonyme „Apollo" à Isabelle d'Este : *Il vient d'arriver ici une gentille dame, si réservée dans son maintien, si séduisante de ses manières qu'on ne peut s'empêcher de lui trouver quelque chose de vraiment divin ; elle chante à livre ouvert toute sorte d'airs et de motets, elle a dans sa conversation un charme sans pareil ; elle sait tout, on peut lui parler de tout. Personne ne saurait ic lui être comparée, pas même la marquise de Pescare.* Il s'agit de Tullia d'Aragona *(Maulde,* op. cit. p. 499).

de marque et de dignité comme Antoine Fumée et Pontus de Tyard, le futur évêque de Châlon, le texte de son testament[1] — tout cela n'est pas sans exemple dans la vie des courtisanes d'Italie. Toutes ces circonstances sont très caractéristiques pour les mœurs lyonnaises du seizième siècle, mais elles ne contredisent point l'hypothèse que nous venons d'émettre.[2] Ce serait dépasser les limites de cette étude que d'examiner tout ce que d'autres ont écrit sur la vie et le caractère de Louise Labé[3] en arrivant à des conclusions contraires aux nôtres; mais nous avouons que leurs raisons n'ont pas réussi à nous ébranler.

Et Pernette du Guillet? Le parallèlisme entre elle et Louise Labé, qui nous a paru si vraisemblable que nous l'avons mis à la base de notre argumentation, nous amènerait donc à la solution que la maîtresse de Scève fut courtisane aussi bien que la belle Cordière. Mais la grande douceur de son caractère, l'enjoûment vraiment féminin de ses poésies et ce platonisme qui n'est plus chez elle une philosophie mais presque une façon de sentir nous rendent la décision pénible. A la verité, ces qualités ne sont pas sans exemple chez les courtisanes italiennes; rappelons à ce sujet l'Imperia et Veronica Franco. Il va sans dire que la *Délie* et les *Rymes* de Pernette, poésies écrites en style pétrarquisant, ne sont pas des documents très positifs sur les relations des deux amants. Il me semble seulement que la liberté avec laquelle ce célibataire et cette femme mariée se voient pendant des journées entières, les effusions de sentiments dans les scènes d'adieu, l'échange de bagues, ne donnent guère l'idée d'un amour platonique, et moins encore quelques autres intimités que l'on entrevoit quelquefois dans les pages les plus obscures de la *Délie*.

[1] Ce testament (Archives hist. du Rhône, vol. I, p. 34—46) prouve qu'elle était riche et bienfaisante et qu'elle n'avait point d'enfants. Les témoins sont quatre Italiens: l'un, Claude Alamanni est maître-ès arts, le seul des quatre qui ait un nom connu; le second est un apothicaire, et les deux autres, un cordonnier et un couturier, ne savent pas même signer. Pas un membre d'une famille influente, pas un poète français. Les Italiens étaient-ils, dans les jours de la Contre-Réforme, restés seuls fidèles à la Renaissance et à la courtisane vieillie?

[2] On se demande peut-être quelles étaient les causes de quelques jugements évidemment trop sévères contre Louise Labé, comme ceux de Billon, de Calvin et de Claude de Rubys. C'est que la belle Cordière n'atteignait pas à l'aristocratie des courtisanes; elle sentait la décadence et le snobisme. La France n'a d'ailleurs jamais adopté complètement la *virtù* italienne; et la Réforme aussi bien que la Contre-réformation apportèrent bientôt des notions morales beaucoup plus sévères. Louise Labé précisément en a pâti. L'idéal de la femme tel que le conçoit François Billon est purement moyen-âgeux, la qualité la plus saillante de Calvin est son rigorisme moral, et Rubys est l'homme de la Contre-Réforme, l'ennemi juré de tout ce qui appartient à la Renaissance.

[3] cf. *Cochard et Bréghot* dans la réédition des „Oeuvres" Lyon 1824. — *Sainte-Beuve*. Revue des deux mondes. mars 1845. — *Feugère*. Femmes poètes. Paris 1860. — *Laur*. Louise Labé. Stuttgart 1873.

Quelles étaient, à cette époque, les mœurs des autres Lyonnaises qui se sont fait connaître soit par les vers qu'elles ont composés, soit par ceux qu'on leur a adressés? Nous avons dit plus haut que la poésie marotique était, à Lyon comme dans le reste de la France, un véritable jeu de société. Toute personne qui voulait passer pour instruite, s'essayait à la correspondance poétique et rédigeait toute sorte de compliments en vers. Il ne serait pas juste de supposer que les Lyonnaises „poètes" sur lesquels nous avons, par hasard, des notices, aient été les seules qui aient su faire des vers; au contraire l'exception serait, je crois, une dame du monde lyonnais étrangère à cet art.

Les renseignements trop rares que nous avons sur les femmes auteurs ne nous permettent pas de déterminer la place qu'elles tenaient dans la société lyonnaise. Peut-être que _Jeanne Gaillarde,_ l'amie de Marot, fut courtisane, son nom paraît suspect. De _Jacqueline Stuard_ on ne sait rien si ce n'est qu'elle a échangé quelques dizains avec Bonaventure Despériers. _Jeanne Creste_ a reçu les hommages des poètes latins;[1] un jour elle donna dans la rue un baiser à un ramoneur pour gagner un pari. Personne ne doutera de l'honorabilité de _Claudine_ et _Sibylle Scève,_ les sœurs (ou cousines) de Maurice — Billon fait leur éloge pour les opposer à Louise Labé —; et _Catherine de Vauzelles,_ sœur des trois célèbres frères, n'est pas non plus accessible aux soupçons. Voilà des femmes, des meilleurs familles lyonnaises, chez lesquelles le goût pour la poésie et la science étaient héréditaires.

Rien de plus caractéristique pour la civilisation lyonnaise que les relations entre les deux sexes, telles qu'elles ressortent de tout ce que nous venons de dire et de tout ce que les documents nous rapportent: les frères entraînaient leurs sœurs, et les amants leurs maîtresses vers la terre nouvellement découverte: la Renaissance de la beauté, de la poésie et de la science. Voilà ce que nous apprennent Claudine et Sibylle Scève, et Catherine de Vauzelles, ainsi que Pernette du Guillet qui remercie à tout moment son amant de ce qu'il a fait le jour dans la nuit de son ignorance. Il se peut même que celui-ci lui ait donné des leçons de grec. Adam qui fait à Eve, dans le troisième livre du _Microcosme,_ un cours d'astronomie et de cosmographie, paraît être l'image fidèle des Lyonnais de cette époque. N'est-ce pas là la société qui a inspiré à Rabelais les chapitres sur _l'Abbaye de Thélème?_ „_Tant noblement estoyent apprins qu'il n'estoit entre eulx celluy ou celle qui ne sceust lire, escripre, chanter, jouer d'instruments harmonieux, parler de cinq à six langages, et en iceulx com-_

---

[1] _Ducher._ Liber I p. 24 et _Vulteius._ Carmina, passim.

*poser tant en carme qu'en oraison solue . . . Jamais ne feurent
veues dames tant propres, tant mignonnes, moins fascheuses, plus
doctes, à la main, à l'aiguille, à tout acte muliebre honneste et
libre que là estoyent.*" Ajoutons que nous ne trouvons dans l'Abbaye de Thélème ni le mariage chrétien, ni la fidélité conjugale.

Mais revenons à Pernette du Guillet. Nous avons déjà dit
plus haut qu'elle était la plus aimable des Lyonnaises dont des
notices nous soient parvenues. Personne ne terminera la lecture
de ses *Rymes* sans ressentir une vive sympathie pour la maîtresse
de Scève, morte dans la fleur de la jeunesse. Ses vers ne brillent
pas par de grandes qualités de langue et de style, par des images
très poétiques, par un vol soutenu. Ils n'ont pas même l'avantage
d'être très originaux, rappelant trop souvent la *Parfaite Amye.*
Mais on ne manquera pas de les goûter pour leur caractère de
sincérité que ne gâte aucun artifice, pour ce fin parfum d'une
âme feminine qui sent le bonheur d'être aimée, bonheur qu'on
respire à travers ces rythmes simples. Comme la continuation
de cette étude traitera aussi des vers de Pernette, nous nous
abstenons d'en citer dans ce chapitre.

*   *

Pour l'époque qui suivit la mort de Pernette du Guillet, nous
avons très peu de notices concernant la vie de Scève. C'étaient
les dernières années du gouvernement de François I", malheureuses pour toute la France, où le roi de la Renaissance compromettait l'œuvre de sa jeunesse. Les poètes et savants lyonnais
eurent à s'en ressentir. Le procès d'Etienne Dolet marchait avec
une lenteur désespérante pour finir d'une manière plus désespérante encore. Guillaume Scève, depuis 1539 conseiller au parlement de Chambéry, était engagé dans un procès contre un confrère qu'il avait accusé de négligence et qui fit tout pour se venger
en cherchant à le supplanter de sa charge par toutes sortes de
cabales. Il paraît qu'il mourut en prison à Paris, avant le jugement définitif de son procès, probablement vers le commencement
de 1546.[1]

La perte de son cousin, qui avait été son ami et son collaborateur en littérature, toucha de près le cœur sensible de Maurice
Scève. Le trépas du roi qu'il avait chanté avec tant d'enthousiasme dans la *Délie,* ne dut pas non plus le laisser froid. François I" mourut le dernier jour de mars 1547 et l'on ensevelit avec
lui la plus belle époque de la Renaissance française, l'époque des
grandes espérances et de l'enthousiasme ardent qui force notre

---

[1] *Mugnier.* op. cit. p. 98—108.

admiration moins par les buts atteints que par la ferveur de ses aspirations.

On comprend aisément que Scève ait écrit à ce moment une œuvre de mélancolie qui paraît être la déploration poétique de Pernette du Guillet, bien mieux que ne le sont les deux épitaphes assez conventionnelles et faibles, imprimées avec les *Rymes*. C'est la *Saulsaye, Eglogue de la Vie solitaire,* publiée en 1547.

CHAPITRE SEPTIÈME

L'ENTRÉE SOLENNELLE DE HENRI II.

Le roi de la Renaissance était mort. Dans ses dernières années, son amour pour les lettres et les beaux-arts avait diminué, toutes ses ambitions politiques avaient échoué; le corps et le cœur ravagés par la maladie, François I⁺ s'était fatigué du gouvernement, et la France s'était fatiguée de son roi.

Un nouveau roi — une nouvelle espérance. Les hommes intelligents ne se faisaient pas de grandes illusions sur les talents de Henri II; mais on se disait qu'il valait toujours mieux que son père dont les accès bilieux des dernières années avaient blessé beaucoup de ses sujets.

Au printemps 1548, une année après son avénement, la nouvelle se répandit que le nouveau roi allait visiter ses provinces de l'Est. Les Lyonnais ne doutèrent pas un moment que le but principal de ce voyage ne fût leur ville, la deuxième capitale et la commune la plus riche du royaume.

Lyon avait, depuis la fin du quinzième siècle, la renommée de fêter les entrées solennelles des rois et d'autres hôtes illustres, avec un faste extraordinaire dont les descriptions nous frappent d'étonnement.[1] On se souvenait encore des réceptions magnifiques faites en 1505 à Louis XII et Anne de Bretagne, en 1515 à François Ier et Claude de France,[2] en 1530 aux enfants de France et Eléonore d'Autriche.[3]

---

[1] *La relation des Entrées solennelles dans la ville de Lyon des rois, reines princes, princesses, cardinaux et autres grands personnages, de 1389—1750.* Lyon, Delaroche 1752.

[2] *Guigue, Georges.* L'entrée de François Ier en la cité de Lyon. Lyon, Société des Bibliophiles 1899.

[3] *La grande et triumphante entrée des Enfants de France et de Madame Aliénor sœur de Lempereur faicte en la ville de Bayonne. Publié à Paris, le 1er juin MCCCCCXXX Ensemble le triumphe faict à Paris. Aussi celuy qui a esté triumphantement et magnifiquement faict à Lyon .., etc.* pet. in 4. goth.

Les consuls de Lyon résolurent de donner à cette entrée de leur nouveau roi une splendeur et une magnificence dignes de leur ville et d'y employer les meilleures forces dont ils disposassent. *Parquoy, messieurs de la ville ne voulant dégénérer de leur antique générosité romaine comme descendus d'icelle,*[1] ils voulaient que l'esprit de la Renaissance qui régnait dans la ville trouvât un écho dans ces fêtes, et ils élurent dans ce but une commission qu'on chargea des préparatifs. Le poète *Maurice Scève* en fut le chef; on lui adjoignit les sieurs *du Choul,* le célèbre archéologue, *Barthélemy Aneau,* le principal du Collège de la Trinité, *et autres gens de sçavoir, tant orfèvres que autres, pour après avoir eu leur advis, prendre le meilleur.*[2]

Les registres consulaires nous donnent une image assez exacte de ces préparatifs de fête. Le peintre Jean Coste est chargé de fournir seize cents écus aux armes du roi et de la reine; deux orfèvres reçoivent l'ordre d'exécuter, d'après les modèles du graveur Bernard Salomon, des groupes d'orfévrerie destinés à être présentés aux souverains; on construit un jeu de paume près de l'abbaye d'Ainay, où les rois ont l'habitude de loger quand ils sont à Lyon, *pour bailler passetemps audict seigneur et à messieurs les princes et seigneurs de la cour;* les trois *maistres joueurs d'espées* de la ville sont obligés d'engager douze gladiateurs qui combattront de diverses armes, *comme espées à deux mains, javelines, l'espée la rondelle, l'espée le bouclier et deux petites espées, le tout tranchant;* on détermine quels costumes porteront les membres du corps consulaire et même les mariniers qui conduiront le roi et la cour sur la Saône.

Heureusement il s'est conservé de ces fêtes une description détaillée dont la fidélité ne peut être contestée. Quelques libraires avaient publié différentes relations de l'entrée de Henri II;[3] mais le corps consulaire les déclara mensongères et ordonna *de les brusler comme imprimées contre la vérité et sans autorité de justice,* et il chargea *Maurice Scève qui a conduict la dicte entrée, pour la coucher au vray et, ce fait, la faire imprimer au vray.* L'ordre fut exécuté; il nous reste du texte officiel de cette relation deux versions; l'une en français, l'autre en italien. Ce sont des éditions de luxe, imprimées sur vélin, ornées de gravures de Bernard Salomon et publiées aux dépens de la ville.[4] Le nom de Scève

---

[1] Relation de Scève.

[2] Registres consulaires de Lyon.

[3] Il s'est conservé une de ces relations, que je n'ai jamais vue: *Le grand triomphe faict à l'entrée de treschretien et toujours victorieux monarche Henry second de ce nom, Roy de France, en sa noble ville et cité de Lyon. Et de royne Catherine son espouse.* Paris 1548.

[4] *La magnificence de la superbe et triumphante entrée de la noble et antique Cité de Lyon faicte au Treschrestien Roy de France, Henri deuxième de ce nom, et à la royne*

ne s'y trouve nulle part, ni ses initiales, ni sa devise; il n'y a cependant pas lieu de douter de leur authenticité. Le style de la relation française est correct et libre de recherche, mais froid et sec; sa valeur littéraire ne dépasse guère celle d'un procès-verbal juridique, et ce n'est que bien rarement que nous voyons percer des idées et des sentiments à travers la naïve description. Nous ne pouvons nous abstenir de la résumer ici; elle est caractéristique pour Scève et pour ses concitoyens.

Du Piémont où il avait inspecté des forteresses, le roi arriva le 21 septembre à Lyon, où la reine l'attendait avec sa suite. Deux jours après, un Dimanche, eut lieu l'entrée solennelle qui commença par un diner splendide qu'on offrit au roi au faubourg de Vaise (situé sur la Saône en amont de la ville) dans une loge somptueusement décorée de tapisseries à haute lisse, de draps de soie et d'argent, le tout arrangé *en style antique*. Il y reçut les Lyonnais les plus influents, puis les consuls et seigneurs des „Nations", c'est à dire des organisations politiques des Florentins, Génois, Lucquois et Allemands, qui formaient avec leurs laquais un cortège étincelant de velours et de soie, d'or et d'argent. Le clergé lyonnais, suivi des confréries, vint présenter ses hommages au roi, et après le clergé on vit passer devant la loge royale la file interminable de tous les bourgeois lyonnais qui s'étaient rendus hors l'enceinte pour se ranger avec plus de soin que n'auraient fait des soldats. Ils étaient groupés par corporations, reconnaissables au costume uniforme que portaient leurs membres et dont le luxe et la nouveauté étaient destinés à montrer aux spectateurs la richesse et le patriotisme des habitants.

Rien de plus splendide que ce cortège qui se déroule sous les yeux du monarque. Il est ouvert par les archers de la ville, commandés par le prévôt des marchands. Tous sont à cheval, tous sont vêtus de drap vert avec broderies en blanc. Ils tiennent des bâtons à la main pour retenir la grande foule accourue à

Catherine son Espouse le XXIII septembre MDXLVIII. A Lyon, chez Guillaume Roville, à l'Escu de Venise, 1549. in 4⁰, 44 ff. sans pagination.
Cette relation est copiée textuellement dans *Godefroy, Th.* Cerémonial français. p. 824 ff. et dans *Paradin*, Guill. Histoire de Lyon 1573. p. 320 ff.
La magnifica et triomphale entrata de cristianissimo re di Francia Henrico secondo di questo nome, fatta nella nobile ed antiqua città di Lione a lui e alla sua serenissima consorte Catterina, alli di 21 Settembre 1548 colla particolare descrizione della comedia che fece recitare la natione fiorentina, a richiesta di su a Maestà Christianissima, In Lione, appresso Gulielmo Roville 1549. in 4⁰. 58 ff. sans pagination. — Cette relation est une traduction assez fidèle de la précédente; elle contient en plus la description de la *Calandria* de Bibbiena. Je ne sais pas qui en est l'auteur.
La Croix du Maine (Bibliothèque française) et le *Promptuaire des Médailles* nous assurent que Maurice Scève était l'arrangeur des fêtes et l'auteur de la relation.

Lyon non seulement du pays environnant mais même de la Bourgogne et du Dauphiné. Les arquebusiers les suivent avec leur
bannière; ils sont au nombre de trois cents; leur costume est
blanc et noir avec paillettes d'or. A leur tête marche le lieutenant
du capitaine de la ville, *monté sur un grand cheval d'Espaigne,
richement harnaché de houppes d'or, de soie et de pennache; et luy
d'une cazaque de velours noir, toute espessement semée de boutons
d'or, faicts à roses, et au devant de lui deux laquais vestuz de
satin bleu.* Ce costume était pourtant loin d'être le plus magnifique; le cadre de ce travail nous oblige à passer sous silence
beaucoup de détails intéressants sur la civilisation lyonnaise de
ce temps.

Après les forces militaires, on voit s'approcher les corporations
des métiers, chacune avec son capitaine, ses tabourins et ses
fifres. Les premières qui défilent sont celles des bouchers, car-
tiers[1] et couturiers (333);[2] leurs armes sont dorées, les fourreaux
en sont revêtus de velours. Les teinturiers, tissottiers et orfèvres
(685) étalent encore plus de luxe dans leurs costumes; les derniers
ont des croissants d'argent sur le collet. Les charpentiers, sel-
liers et maçons (592) font bonne mine, surtout par la correction
toute militaire de leurs rangs. — Il serait fastidieux pour le lecteur
de lire les noms de toutes ces corporations et la description des
efforts qu'elles firent pour plaire au roi par la somptuosité de
leurs costumes et l'éclat de leurs armes, par les magnifiques ac-
coutrements de leurs capitaines, lieutenants et enseignes qui lais-
saient flotter au vent leurs bannières artistement brodées. Men-
tionnons encore *les 413 imprimeurs, portant pourpoints, chausses
et souliers de velours jaune, paillé biseté d'argent, le collet et le
bonnet noir, avec le petit toupet de plumes blanches sur le derrière,
pour la dernière troupe des gens de mestier. Lesquels furent tous
grandement louez et prisez du roi et de tous autres, et mesmement
pour le grand ordre, gravité et silence qu'ils tenoient, autant que
gens de guerre sauroyent faire, et sans que l'on vist aucun ser-
gent de bande parmy eux, comme est de coustume, ains marchant
toujours avec le Cap-desquadre et sans abandonner son rang pour
haster ou ranger la troupe: qui fut chose aux regardans es-
merveillable et mesme à tous capitaines et entendans le fait de la
guerre, de voir si gros nombre de gens de ville, en si peu de
temps que d'une heure et demye estre bien rangez, et en si bel ordre
sans que l'on vist, tout le long de la ville toussir ne parler un seul,*

---

[1] Les papetiers. Leur nom et leur industrie sont, à Lyon, d'origine italienne.

[2] Les chiffres en parenthèse sont les nombres des membres de chaque cor-
poration. Ils semblent prouver que les ouvriers étaient forcés aussi bien que les
maîtres de se procurer les costumes de fête.

et sans entrerompre son ordre, fust pour saulver aucun ou autre
occasion quelconque qui monstroit assez à tous à ce congnoissans
que la plupart d'eux avoyent quelque fois suivy les armes.

Les „nations" étrangères prirent un soin plus grand encore
d'étaler leurs richesses pour donner aux Français une haute idée
de la grandeur et de la perfection de l'art italien. Les riches
marchands lucquois qui étaient tous vêtus avec magnificence, se
firent précéder de *quatre jeunes pages habillés à la mode de l'an-*
tique cavallerie romaine, comme de corseletz d'un fin drap d'argent,
artificiellement umbragé, à gros tymbres sur les épaules, bouffancs
de toille d'argent, sur lesquelz estoient attachez gueules de lyons;
petits haut-de chausses, venas jusqu'à demy cuisse, petites mas-
quines sur les genoux et pardessus un paludement militaire qui
est un manteau pareil à celuy que les Bohémiens portent aujourd'hui,
toutefois court jusques au genoux et lequel estoit de toille d'argent,
la plus subtile et déliée qu'on saurait trouver, bourdée tout autour
d'un petit bord de frange de soie noire et semé par dessus de
petits boutons noirs, à deux doigts l'un de l'autre, lequel manteau
estoit noué sur l'espaule droite et rebrassé sur l'autre: le demourant
du corps tout nu, comme bras et jambes et la tête à cheveux crespez
à la Césarienne: montez sur quatre grands chevaux autant beaux
qu'il est possible, harnachez d'une petite housse de mesme toille
d'argent jusques au dessous du ventre du cheval, le bas a lam-
beaux ronds enrichis de force houppes de fil d'argent. La bride
estoit seulement d'un gros cordon d'argent: le pennache blanc
pailleté d'or. Et ainsi marchoyent iceux pages le petit pas assez
loin l'un de l'autre, et quelquefois par intervalle faisoient bondir
leurs chevaux de si bonne grace que chacun prenait grand plaisir
a les veoir, et se tenir si bien sans selle ny estrieux. Cette description ne montre-t-elle pas tout l'enthousiasme d'un antiquaire
épris de l'antiquité?

Devant la nation florentine marchaient également six pages
qui excitaient la curiosité du peuple par leur beauté, par la
richesse de leurs costumes et la pureté de race de leurs chevaux
turcs. Les seigneurs florentins montaient aussi des chevaux
rares et chacun était précédé de deux laquais. La magnificence
de l'accoutrement de leur consul ne pouvait être assez admirée.
Les Milanais s'efforçaient à ne leur céder en rien, de même que
les Allemands, les derniers en rang dans le cortège.

Ils furent suivis par les officiers de justice de l'archevêché
et par les sergents royaux de la ville, à *cheval, portans leurs*
bastons peincts d'azur et semez de fleurs de Lys d'or et marchant
à la tête des officiers de l'administration royale et municipale de
la ville, et des conseillers du Parlement de Dombes. Un détache-

ment de soldats formait la tête de cette partie du cortège; un autre détachement en fermait la marche, c'était *l'avantgarde de la fanterie des enfants de la ville* — soixante hommes — couverts d'armures étincelantes avec morions dorés, panaches de plumes blanches, noires et rouges et armes brillantes. C'était *une troupe de grand monstre et brave à merveilles.*

Voilà un cortège qui ne sera jamais égalé dans les siècles suivants à ce que je sache. J'estime à neuf mille le nombre des participants. Neuf mille citoyens lyonnais, des artisans et des ouvriers, pouvaient se permettre, à cette époque, pour l'entrée de leur roi, le luxe de costumes complètement neufs, en velours, en satin, avec des broderies, toutes sortes d'étoffes précieuses. Leurs piques, épées et dagues étaient dorées. Il y avait dans ces hommes un esprit *d'antique générosité romaine,* une certaine fierté heureuse de pouvoir montrer la richesse acquise par le commerce et l'industrie et la discipline militaire d'hommes forts et libres, même en présence de leur souverain. Combien différents seront, un siècle plus tard, les bourgeois de cette même ville de Lyon accueillant Louis XIII et Louis XIV à genoux, dans la poussière de la route en humbles vêtements, sans armes, et avec une soumission d'esclaves orientaux.[1]

Après le défilé de la magnificence bourgeoise, un spectacle assez différent est offert au roi, qui le goûta fort. Les douze gladiateurs qu'on avait engagés, les uns vêtus de satin blanc, les autres de satin cramoisi, commencèrent *un combat à l'antique non quant aux armes mais quant à l'ordre de se sçavoir secourir et entrer les rangs les uns dans les autres sans se rompre.* Toutes les espèces d'armes furent présentées avec art; ils combattaient à armes égales et différentes, tous à la fois, dans un ordre bien difficile à maintenir dans la rue étroite. Les tronçons des armes volaient de tous côtés, les épées se brisaient, mais il n'y eut point de blessés au grand étonnement des spectateurs effarouchés; ce passetemps donna tant de satisfaction à sa Majesté qu'elle voulut le revoir encore six jours après l'entrée solennelle. Les gladiateurs ayant fini leur représentation qui ressemblait de près à un ballet très compliqué et dont le charme était surtout la grâce des escrimeurs et le danger évident, ils saluèrent le roi de leurs épées et rejoignirent l'avant-garde des enfants de la ville qui les avaient attendus à un détour de la rue.[2]

<hr>

[1] Relations des entrées de Louis XIII (1624) et Louis XIV (1662).

[2] Brantôme se souvient, dans ses œuvres, de ce combat (éd Lalanne, A. III, p. 250 etc.) Il en dit: *Voilà un passe-temps et combat qui, depuis les anciens Romains possible, n'avoit esté représenté tel, et lequel pourtant mieux se peut représenter par la veue que par l'escriture qui ne peut nullement approcher en la moindre perfection que les yeux humains peuvent divinement atteindre. Ah! gente ville de Lyon, que vous monstrâtes bien là que vous estiez bien gentils, adroits et ingénieux comme de tout temps vous l'avez esté en ce que vous avez voulu entreprendre.*

Et voici l'arrière-garde de cette infanterie qui s'approche de la loge royale ; elle est forte de deux cents hommes, l'élite des jeunes gens riches de la ville — cette partie du cortège est la plus superbe. Tous ces adolescents portent des armures et des morions ciselés avec grand art et décorés avec force or et argent. Les capitaines qui se distinguent encore des autres par le luxe étonnant de leur costume, ont été dessinés et leurs traits reproduits par des gravures de Bernard Salomon. Dans cette troupe, on voit partout la tendance à se rapprocher autant que possible du costume militaire des anciens Romains. Entre les épaules et au milieu de la poitrine, ces jeunes guerriers ont fixé *de grosses testes de lyon aux uns tout d'or, à plusieurs d'argent doré* avec des attaches en chaînes d'or et des ornements en pierres précieuses. Leurs cimeterres ont été forgés pour la circonstance, le pommeau représente une tête de griffon ou de lion, *les yeux et la garde de pierreries. Je vous laisse à penser lequel estoit plus grand ou le contentement ou l'esbahissement de chacun de tous ceux qui en les regardant leur sembloit perdre la veue, en l'admiration d'une chose incroyable.*

Une fanfare de douze trompettes à cheval annonçait l'approche de la cavalerie de cette troupe d'élite, soixante-dix jeunes hommes vêtus à peu près de la même manière que ceux qui venaient de passer. Chacun avait deux laquais devant soi. On admira surtout leurs grands chevaux turcs, barbes et genêts d'Espagne sous leurs harnachements et caparaçons surchargés de pierreries et de broderies. *Et qui accroissoit merveille sur merveille, c'estoit de veoir le capitaine, lieutenant et porte-enseigne et bonne part des autres si dextres à cheval et si bien le sachant manier, faire pennades, bondir, voltiger, redoubler le saut en l'air qui ne pouvoit que donner que grand plaisir au roi, aux princes et aultres gentilzhommes non sans s'esbahir de les veoir (pour gens de ville et non appelez à cela) si adroits qu'il seroit presque impossible de mieux faire. Ce qui tourna à une non petite louange, mesmement à ceux qui s'y portèrent glorieusement à leur honneur et contentement du monde tout esperdu de joie et d'aise.* Une longue file de magistrats de la ville clôture cette seconde partie du cortège.

Après avoir vu passer tout ce que la richesse et le goût des Lyonnais étaient capables d'étaler, le roi s'apprêta à faire son entrée officielle dans la ville. Le capitaine des Suisses de la garde du roi, suivi de ses hommes en riches uniformes et la hallebarde sur l'épaule, ouvrait la marche du cortège royal. Ils étaient suivis des hauts dignitaires ecclésiastiques de la France. Derrière eux marchait le Grand Ecuyer chevauchant à main gauche pour laisser libre la place du connétable absent. *Ici venoit sa sacrée*

Majesté, vestue d'un riche saye tout d'orfevrerie de fin or et presque tout couvert de pierreries de prix inestimable et tant reluisante de toute pars qu'elle ostoit la veue aux regardants; son cheval couvert si mignonnement et richement de harnacheure et caparassonne-ment d'une si gentille entrelassure de gros cordons et houppes d'or qu'il ne seroit possible de les pouvoir représenter comme presque incomparables à la veue. Le roi était suivi de toute la cour qui allait admirer avec lui les merveilles dont on avait orné la ville.

Au dessous du Château de Pierre-en-Scise, on avait érigé un obélisque de soixante-trois pieds de haut sur un piédestal de douze pieds, orné de reliefs et soutenu par quatre lions tenant l'écusson de la ville, avec l'inscription : NOMEN QUI TERMINAT ASTRIS. Le sommet était orné d'un croissant en argent. Entres les fentes des pierres on avait mis de l'herbe naturelle, approchant *mieux de son antiquité.*[1] De l'autre côté du chemin, on avait préparé un spectacle qui rappelait un peu les moralités que l'âge pré-cédent aimait à représenter aux carrefours dans les entrées so-lennelles.[2] Mais cette allégorie était toute pénétrée des idées et des formes de la Renaissance. Dans un jardin élevé, où l'on avait planté une forêt, on vit des cerfs, des biches et des chevreuils privés. On entendit sonner un cor et Diane apparut avec ses vierges et compagnes pour y chasser; toutes étaient en costumes soi-disant antiques et ornées de bijoux de grande valeur. *C'étaient les plus apparentes et belles femmes mariées, veufves et filles de Lyon qui jouaient leur mystère de si bonne sorte que la plupart des princes, seigneurs, gentils-hommes et courtisans en demeurèrent fort ravis,* raconte Brantôme qui se flattait d'être connaisseur en beauté féminine.[3] Vers la fin de la chasse, un lion dompté vint se jeter aux pieds de la déesse qui le lia avec un ruban blanc et noir et offrit ainsi la bête humiliée au roi, en prononçant de fort bonne grâce un dizain qui est très probablement de Maurice Scève,[4] à en juger d'après le style. Il va sans dire que le roi

---

[1] On goûtait donc en France la poésie des ruines même avant les *Antiquitez de Rome* de J. du Bellay.

[2] Encore à l'entrée de François Ier en 1515.

[3] *Brantôme.* cd Lalanne. t. IX, p. 18.

[4] Le grand plaisir de la chasse usitée
Auquel par monts, vallées et campagnes
Je m'exercite avecques mes compagnes
Jusqu'en vos bois, Sire, m'a incitée,
Où ce Lyon d'amour inusitée
S'est venu rendre en ceste nostre bande,
Lequel soudain à sa privauté grande
J'ai recongneu et aux gestes humains
Estre tout vostre, aussi entre vos mains
Je le remets et le vous recommande.

fut tout aise de voir encore, après l'étalage de la richesse et de
la force militaire de la ville, celui de ses beautés féminines. Diane
de Poitiers avait aussi compris le gentil compliment à son adresse
qui se cachait sous cette allégorie, et *elle en aimait Lyon toute
sa vie.*[1]

On avait changé la porte de Pierre-en Scise en arc de triomphe antique *à doubles colonnes tortues, cannelées et feuillées,* avec
toute sorte d'ornements symboliques et de peintures allégoriques
qui rappellent bien plus le style baroque que le classique. Les
frontispices et les piédestaux portaient des inscriptions latines. —
A la place de la porte de Bourgneuf, on avait érigé un autre arc
de triomphe, plus riche encore que le premier, avec d'autres
allégories et inscriptions *de riche et jolie invention* qui rappelaient
que les Lyonnais étaient fiers de l'origine romaine de leur ville.

A côté de cet arc, on avait construit avec beaucoup de soin
une ruine antique où se tenaient des hommes hâlés, barbus et
nus jusqu'à la ceinture et qui représentaient des satyres. Ils
jouaient de divers instruments, *à savoir hautbois, doussaines, sour-
daines et cornets, d'une si allègre harmonie qu'elle reveilloit le cœur
et les oreilles des passans.*

A cette porte, le roi fut accueilli par quatre des plus anciens
conseillers de la ville qui lui présentèrent un poêle superbe sous
lequel le souverain poursuivit sa marche à travers la ville dont
les rues étaient tendues de tapisseries à haute-lisse *(comme cité
qui en est richement meublée)* et de tapis orientaux; on y avait
aussi fixé les seize cents écussons aux armes du roi. Les fenêtres
étaient ornées *de dames, damoiselles, bourgeoises et belles jeunes
filles qu'il sembloit que toute la beauté du monde fust là assemblée.*
Au „Gryphon" on avait érigé un trophée de France de cinquante-
trois pieds de hauteur, attaché à une colonne de porphyre cannelé
d'or que terminait une statue représentant la France. Deux jeunes
dames lyonnaises habillées en déesses antiques, couvertes d'in-
estimables richesses, y attendaient le roi; elle figuraient la Vertu
et l'Immortalité, reconnaissables à des symboles qui seraient pour
nous des énigmes. L'Immortalité apostropha le roi par les vers
suivants:

> L'heur qui t'attend, d'immortalité digne,
> Fait retourner soubz toy l'aage doré:
> Parquoy la France icy t'a honoré
> De ce triomphe à ta vertu condigne.

Brantôme trouve ces vers *non trop mal limés et sonnants pour ce temps.* Il est
intéressant de remarquer qu'il copie la description de cet épisode presque mot à
mot de la relation officielle de Maurice Scève ; un des rares cas où il se soit servi
d'une source imprimée.

[1] *Brantôme.* ib.

La Vertu continua d'une voix modeste:

> Le temps aussi, lequel tout extermine
> Esgalera la Fame à tes mérites,
> Sceptres rendant et courones petites
> A ta grandeur et majesté bénigne.

Au pont Saint-Paul, on avait construit un troisième arc de triomphe richement doré dans tous les détails de son architecture. Sous les arcs latéraux on avait placé les statues de la Saône et du Rhône, accoudées sur des vases antiques, la première dormante, figurant un fleuve doux et lent, la deuxième représentant un homme levé à demi, la face terrible, et furieux, selon la nature de ce fleuve. Derrière ces statues il y avait une forêt avec des oiseaux artificiels, qui chantaient comme s'ils avaient été vivants. Au pilastre du milieu, il y avait le masque riant d'une femme qui jetait du vin de sa bouche; quand on en approchait, on était subitement inondé par des jets d'eau qui partaient d'entre ses dents.[1]

Un peu plus loin on se vit devant un quatrième arc de triomphe qui représentait le temple d'Honneur et de Vertu, nouvelle occasion de complimenter le roi. Il était orné d'un grand nombre de statues allégoriques et d'une frise avec divers „triomphes" inspirés sans doute par le *Songe de Poliphile*. A la place du Change, on aperçut la perspective d'une ville antique, représentant Troye. Sur deux plateformes étaient placés Neptune et Pallas avec leurs emblèmes. Ils opéraient quelques „trucs" qui offriraient des difficultés même aux mécaniciens d'un théâtre moderne: Neptune fit sortir du roc la tête d'un cheval qui mouvait les yeux et les oreilles *tout ainsi que s'il fût vif,* et il dit à Pallas:

> De mon trident ce cheval je procrée
> Non tant pour estre à l'homme familier,
> Que pour servir cest heureux chevalier
> Qui tout ce siècle à son venir recrée.

Pallas lui répondit par le quatrain suivant:

> De ceste lance qui toute force encrée
> De Mars jadis confondoit les alarmes,
> De ces haineux humiliant les armes
> Luy rendant Paix qui tant au monde agrée.

---

[1] On trouve un engin très semblable dans le *Songe de Poliphile* dont les grotesques fantaisies architecturales paraissent avoir inspiré beaucoup de détails de cette entrée. On sait que l'arrangeur du cinquième livre de Pantagruel a traduit de longs passages de ce livre singulier qui était très à la mode à cette époque.

(Francesco Colonna.) La Hypnerotomachia di Poliphilo, cioè pugno d'amore in sogno ... Ristampato et ricorretto. Venetia, Aldus 1545. Edition non paginée comme la première de Venise de 1499.

Hypnerotomachie ou Discours du Songe de Poliphile ... Nouvellement traduit du langage italien en françoys. Paris, Kerver 1546, 1554 et 1561. Le passage en question se trouve à la page 28 de l'édition de 1561.

Et elle planta en terre sa lance qui, tout de suite, commença à fleurir et à se changer en olivier, *voulant donner à entendre que la force et puissance de sa majesté fera telle crainte à ses ennemis que leur malveillance se convertira en paix.*

Dans la grande rue de Saint-Jean, près du palais archiépiscopal, on avait érigé un simulacre très compliqué représentant la Fortune, entourée d'un „théâtre" avec des figures allégoriques qu'il serait trop long de décrire. A Porte-Froc, on passa au-dessous d'un nouvel arc de triomphe — le cinquième déjà. Ce fut là que le Cardinal de Ferrare, alors archevêque de Lyon, se présenta au roi avec tous les insignes de sa dignité et suivi de tous ses fonctionnaires. Ces ecclésiastiques fournirent au roi un nouveau poêle et le conduisirent à la Cathédrale de Saint-Jean, où on lui présenta l'eau bénite.

Après les rites religieux, le roi entra dans le Palais de l'Archevêché devant lequel on avait érigé une colonne de victoire de cinquante-six pieds de haut, que terminait un globe dont les continents étaient en or, la mer en azur, et sur lequel se tenait une statue de la Victoire. Le palais lui-même était orné avec tout le luxe qu'un Italien issu d'une des familles les plus illustres de la Renaissance pût imaginer.

Par une autre porte on sortit sur la Saône où il y avait un pont avec toute sorte de vaisseaux construits expressément pour le service du roi et de la cour. On fit sur le fleuve *toute sorte de joûtes, combats et naumachies avec d'autres passe-temps et accompagnement de musique.* Parmi les vaisseaux destinés au roi, il y avait un *bucentaure,* le navire le plus grand et le plus admirable qu'on eût jamais vu sur la Saône. On avait construit sur le pont une salle à manger, garnie de tout le luxe imaginable. Le roi, fatigué d'étonnement et d'admiration, s'y reposa, finissant ainsi la première journée de cette fête splendide.

La reine fit son entrée le lendemain, *en l'ordre, joie et jubilation* de l'entrée du roi. Le troisième jour, les conseillers de la ville firent leur révérence à leurs Majestés, en leur offrant les présents qu'on avait commandés aux plus habiles orfèvres de Lyon. Puis, le roi et la reine dînèrent sur les navires préparés dans ce but et regardèrent les joûtes nautiques de ceux de Saint-Vincent et de Saint-George, et les plongeons des vaincus. Ils allèrent voir ensuite les navires construits pour la naumachie nocturne, et ils se promenèrent sur la Saône aux sons des trompettes, clairons, tabourins et fifres, et au tonnerre de l'artillerie du château et des galères.

Le quatrième jour était destiné au repos. Le matin le roi alla voir le grand jeu de paume qu'on avait bâti pour son usage;

il en fut très content et y joua plusieurs fois pendant son séjour.
Il passa le reste de la journée sur son bucentaure qui le promena
lentement sur la Saône. Vers les cinq heures, leurs Majestés se
rendirent à la comédie que la nation florentine et le cardinal de
Ferrare[1] avaient préparée pour cette fête. Le décor de la salle
était somptueux ; on y avait mis douze grandes statues : six poètes
florentins et six ancêtres de Catherine de Médicis,[2] car c'était
surtout une compatriote que la nation florentine voulait fêter dans
la personne de la reine.

*Les Histrions tout richement et diversement vestuz de satin et
velours cramoisy, drap d'or et d'argent broché d'or avec la ré-
création et la diversité de la musique changeant selon les sept aages
intervenants aux actes, et le tout accompagné d'un Appollo chantant
et récitant au son de la Lyre plusieurs belles rithmes Toscanes à
la louange du roy, et sans oublier une nouvelle mode et non encore
usitée aux récitements des Comédies: qui fut qu'elle commença par
l'advènement de l'Aube qui vint traversant la place de la perspective
et chantant sur son chariot trainé par deux coqs, et finit aussi par
la survenue de la nuict, couverte d'estoilles et portant un croissant
d'argent, et chantant dans son chariot trainé par deux Chevèches
ou Chouëttes en grandissime joye, attention et plaisance des spectateurs, lequel esbat fut à sa Majesté d'une telle délectation qu'il ne
s'en voulut contenter pour une seule fois.*

Voilà tout ce que Scève nous dit de cette première représentation donnée en France par des acteurs italiens et dont il a été
le témoin. Je ne doute point qu'il n'y ait pris beaucoup d'intérêt ;
la juste appréciation que nous venons de citer (cf. note 2), du rôle des
Médicis dans le développement de la Renaissance est une nouvelle
preuve de la connaissance intime qu'il avait de la littérature et
de l'art italiens. Mais il a écrit sa relation pour le grand public
qui ne comprenait rien alors à ce genre de représentation. La
relation italienne en sait plus long. Elle nous apprend qu'on
joua *la Calandria* de *Bernardo Dovizio* (le cardinal de *Bibbiena)*
et qu'on s'efforça de la jouer avec le même faste qu'à sa première représentation, en 1510 à Urbin, ce deuxième centre du platonisme de la Renaissance italienne. On répéta aussi les mêmes

---

[1] *Hippolyte d'Este,* fils d'Alphonse de Ferrare et de Lucrèce Borgia. Né en
1509, il vint très jeune en France où il plut beaucoup à François Ier qui lui fit
donner en 1530 le chapeau de cardinal. Depuis 1540 il est archevêque de Lyon,
mais il se trouve le plus souvent à la cour. En 1543, *Jean Desgouttes* lui dédie
sa traduction du *Roland furieux.* Mort en 1551. *(Péricaud,* Antoine. Notice sur Hippolyte d'Este. Lyon 1865.)

[2] Scève se hâte d'ajouter : *qui furent premiers restaurateurs des lettres grecques
et latines, de l'architecture, sculpture, peinture et tous autres bons arts par eux résus-
citez et introduicts en Europe Chrestienne desquels la rudesse des Goths l'en avaient
dès longtemps desvestue.*

entr'actes.[1] On sait que de toutes les pièces jouées en Italie au seizième siècle, aucune n'a approché du succès qu'eut cette comédie, et on peut s'imaginer l'impression qu'elle a faite à Lyon sur les hôtes royaux.[2]

Le soir du lendemain on amusa la cour par une naumachie, *suivant quant à la forme l'antiquité, mais quant à la façon elles (les galères) estoyent d'enrichissements et beautés, proues et pouppes de nouvelle et follastre invention, toutesfois trouvée tresbelle comme sont toutes nouveautés.*[3] De chaque côté il y avait une *capitainesse* et deux galères moins grandes, remplies de soldats, tous avec des armures dorées. Elles étaient entourées de petites barques pour pêcher les hommes tombés à l'eau. On avança *avec si grand bruit d'artillerie, harquebouzes, trompettes, clairons, hautbois, cornets, tabourins et fifres, tant des galères que des autres vaisseaux où les capitaines des enfants de la ville et des métiers estoyent chacun sur le sien, accompagné des siens, avec hallebardes, pertesanes et harquebouzes et autres armes clerement reluisantes sur ceste rivière qui donnoyent un effroy de guerre; et néanmoins c'estoyt une joye effroyable et un joyeux effroy et contentement terrifique.*

Les vaisseaux coururent les uns contre les autres à force de rames, et lorsqu'ils se rencontrèrent, les soldats firent un tel fracas d'armes qu'on aurait cru à un combat mortel à outrance. Le premier assaut fut suivi d'un deuxième et d'un troisième, au cours duquel une petite galère fut coulée à fond. Le tintamarre que faisaient l'artillerie, les arquebuses et les trompettes, était tel qu'on ne pouvait plus s'entendre l'un l'autre. Pourtant personne ne fut blessé dans ce combat. Le roi se retira alors au Couvent de l'Observance, *accompagné de toutes les galères, brigantins et fustes. Et estoit le nombre des vaisseaux si incrédible que les poissons se pouvoient venter d'estre couverts comme d'une crouste de glace, car on ne veoyoit point l'eau, en lieu que ce soit, tant estoit couverte de gens et batteaux, et les rivages de Saône tout pleins de peuple que l'on ne pouvoit bonnement discerner la rivière des rues.*

Après sept heures, lorsqu'il commença à faire nuit, le roi monta de nouveau sur son bucentaure qui le reconduisit à Ainay. Comme il passait près de Pierre-en Scise, on tira un feu d'artifice avec un moulin à feu, chose rare au seizième siècle, qui fit un grand tintamarre entre le tonnerre de l'artillerie et les sifflements aigus des fusées, *dont plusieurs timides eurent belles affres*

---

[1] *Castiglione.* Lettere. I p. 156. — *Maulde.* Les Femmes de la Renaissance p. 381 ff.

[2] *Creizenach* (Geschichte des neueren Dramas, t. III p. 76) donne à cette représentation la date de la Relation: 1549. Elle eut lieu en 1548.

[3] Serait-ce une protestation de Scève contre le style baroque naissant?

et se gettoyent au fond des batteaux cuydans estre perduz qui ne fut sans risée.

On passa le Vendredi avec une répétition du jeu des gladiateurs, comme le roi l'avait souhaité; à vêpres on célébra la fête de l'Ordre de France d'après le cérémoniel fastueux institué par Louis XI. Le lendemain, un dîner officiel réunit les notables de Lyon autour du roi qui venait d'entendre la messe en grande solennité.

On avait préparé pour le Dimanche (dernier jour de cette semaine de fêtes splendides) un spectacle émouvant et merveilleux, comme on les aimait à cette époque guerrière. C'était de nouveau une espèce de naumachie, mais une naumachie nocturne à la lueur des torches et des feux d'artifice. Une galère, construite expressément pour cette fête de nuit, était armée de canons en bois chargés de fusées, et le corps du navire était rempli *d'un million* de feux d'artifice. On réussit bientôt à le mettre en feu, et les flammes qui montaient au ciel *qu'il sembloit estre à plein midi et que les feux contendissoyent de clarté avec les estoilles du ciel,* le réduisirent en cendres en quelques minutes, malgré la pluie qui vint déranger ce dernier effet d'opéra.

Telles furent les fêtes mémorables que Maurice Scève avait arrangées et décrites. En lisant sa relation, nous comprenons pourquoi le choix des consuls et échevins lyonnais s'était porté sur l'auteur de la *Délie.* Il leur fallait un homme d'une instruction universelle et d'un goût incontesté, un homme qui fût assez poète pour inventer des allégories nouvelles et flatteuses, difficiles à deviner sans être des énigmes, et éviter toute banalité; un homme au courant des besoins esthétiques de son temps, un homme qui connût à fond l'antiquité et les amusements qui avaient servi à égayer l'ennui fatigué des empereurs romains. A Lyon il n'y avait que Scève qui fût en possession de toutes ces qualités.

Il n'y a pas de trait plus caractéristique de l'esprit qui a présidé à cette entrée triomphale, pas un qui ne le distingue d'une manière plus absolue des entrées antérieures, que cette prédilection pour l'antiquité qui apparaît à chaque moment dans la relation de Scève, et qui a donné à ces journées le caractère d'une véritable fête de la Renaissance. Rappelons le costume romain des jeunes pages de la nation lucquoise, les cuirasses et armes „à l'antique" des enfants de la ville, la chasse de Diane avec ses nymphes, les nombreux personnages allégoriques et mythologiques accoutrés à la mode grecque; puis le combat des gladiateurs, les faunes et satyres musiciens, la naumachie, les obélisques et arcs de triomphe, les trophées et temples; ces détails sont autant de documents pour l'esprit de la Renaissance à Lyon.

Jamais on n'avait vu en France des fêtes plus éblouissantes, jamais fêtes n'apportèrent tant de nouveautés; Brantôme nous l'assure, lui si curieux de toutes les choses sensationnelles. Il est très intéressant de comparer à ce point de vue l'entrée de François I" en 1515 avec celle que nous venons de décrire. Au commencement du siècle on avait aussi présenté les panégyriques sous forme allégorique, mais c'étaient les allégories purement verbales du *Roman de la Rose,* et leur représentation se ressentait de l'influence du théâtre national, des moralités surtout. Les allégories de Scève par contre sont purement mythologiques, et l'architecture des simulacres et des décors ainsi que les costumes, font preuve d'une profonde érudition archéologique. On y remarque que l'intention d'éblouir le roi et de lui montrer toute la richesse des Lyonnais ne va jamais jusqu'à le fatiguer; dans le cortège de la première journée, le défilé interminable de la force militaire et des métiers est interrompu par le combat des gladiateurs; et dans la marche du roi à travers la ville, les scènes émouvantes alternent avec les idylliques. On n'a pas oublié, dans la longue suite de huit jours de fête, de tenir compte du repos qui ne laisse pas naître la satiété dans l'âme des hôtes.

Nous avons constaté plus haut que l'archéologie était la préoccupation principale des humanistes lyonnais, surtout des riches amateurs comme Claude de Bellièvre et Guillaume du Choul, et nous ne nous étonnons point de trouver le nom de ce dernier dans la liste des membres de la commission qu'on avait chargée de la préparation des fêtes. Pourtant si ce n'est pas lui qui, d'après les Registres consulaires, *a conduict la dicte entrée,* Maurice Scève a dû avoir une renommée d'antiquaire au moins égale à la sienne. Les dizains de la *Délie,* que Claude de Bellièvre cite dans son *Lugdunum priscum* comme provenant d'une autorité, en font foi. Le même recueil et surtout le *Microcosme* nous prouvent que Scève était versé dans l'archéologie et la peinture comme un homme du métier.[1]

[1] Soubz le carré d'un noir tailloir couvrant
Son Chapiteau par les mains de Nature.
Et non de l'art grossièrement ouvrant
Parfaicte fut si haulte Architecture,
Où entaillant toute linéature
Y fueilla d'or à corroyes Héliques.
Avec doux traits vivement angéliques
Plombez sur base assise et bien suyvie,
Dessus son Plinthe à creux et ronds obliques
Pour l'ériger Colomne de ma Vie.   (Délie, uizain 418.)

CHAPITRE HUITIEME

LES TEMPS DE LA PLEÏADE NAISSANTE.

Les années qui précèdent et qui suivent l'avènement de Henri II sont celles de l'apogée de la gloire de Maurice Scève. La *Délie* et la *Saulsaye* ont fait connaître son nom par toute la France, la reine de Navarre l'honore de la tâche de composer les sonnets liminaires des deux livres de ses *Marguerites,* le libraire Jean de Tournes lui dédie une édition des rimes de Pétrarque, en rappelant à tous les fervents du chantre de Laure les mérites de celui qui a trouvé, il y a une douzaine d'années, le prétendu tombeau de cette femme célébrée par les vers du divin poète; le même éditeur lui fait aussi l'hommage d'une édition de la *Divine Comédie,* Jacques Peletier du Mans le donne en modèle dans son *Art poétique;* ces évènements de la seule année 1547 nous font supposer que le prestige de Scève atteignit à cette époque son point culminant. Les humanistes lyonnais se sont complètement dispersés depuis quelques années: l'auteur de la *Délie* est sans contestation le Lyonnais le plus célèbre, tout désigné pour arranger les fêtes par lesquelles ses concitoyens assuraient le nouveau monarque de leur amour et de leur fidélité.

Deux portraits de cette époque nous permettent de nous faire une image de Maurice Scève. L'un se trouve sur le verso du premier feuillet de la *Délie;*[1] le poète y est pris exactement de profil. Un autre fait partie du *Promptuaire des Médailles,* ouvrage iconographique et biographique du seizième siècle malheureusement assez rare. Si la première des deux gravures ne semble pas mauvaise, la seconde est encore meilleure; un portraitiste de talent et d'un art supérieur se manifeste dans ces lignes hardies qui donnent au poète une expression vive et naturelle.[2] Malgré quelques petites différences qui s'expliquent par la conception individuelle de l'artiste, ces deux portraits offrent tant de détails identiques que nous pouvons nous représenter sans difficulté l'auteur de la *Délie.*

Le corps de Maurice Scève était faible, *non armis utile* (Girinet); un grand nombre de ses contemporains,[3] frappés de sa petite taille, notent cette circonstance en premier lieu quand ils parlent du chef de l'école lyonnaise. Lui-même nous dit avoir

---

[1] Dans la réimpression de la *Délie* de 1862, on a voulu idéaliser les traits quelque peu rudes du poète en reproduisant la gravure sur bois de l'original par une eau-forte; mais on a amoindri la valeur artistique du portrait. — Un fac-simile de l'original dans *E. Picot.* Catalogue de la Bibl. Rothschild.

[2] Un fac-simile au frontispice.

[3] *Dolet, Ch. de Sainte-Marthe, La Croix du Maine, Promptuaire,* etc.

les cheveux noirs et — il ajoute — „le teint pâle" ce qui est peut-être une fiction poétique, une conséquence du pétrarquisme.[1]

Ses portraits nous le montrent le crâne allongé en profondeur et le front bas, mais large et droit. Le nez aux narines gonflées est assez grand et énergique, les joues sont maigres et osseuses. Les yeux paraissent démesurément grands et sont ombragés de sourcils touffus; ils ont une expression vague de rêverie mélancolique, presque maladive, et les lignes de la bouche donnent la même expression. Comme la plupart de ses contemporains, il porte toute la barbe qui est ronde et courte. Une pelisse épaisse qu'il porte par dessus sa veste a fait supposer Scève bossu (Steyert), opinion que nous ne pouvons pas partager après avoir examiné avec soin les deux portraits.

Même sans bosse, Scève n'est pas ce qu'on appelle un bel homme; le portrait du *Promptuaire des Médailles,* qui semble être conçu par une individualité vraiment artistique et qui a un caractère de vérité, nous le peint même laid, mais d'une laideur sympathique et virile, embellie par une note de souffrance et d'esprit.

Nous aimons à nous le représenter tel qu'on le fête dans les sociétés lyonnaises où il est le personnage le plus en vue, la célébrité des salons. On y écoute avec grande attention sa parole éloquente, surtout quand il récite ses vers que tous ceux qui se piquent de littérature se hâtent d'apprécier, feignant de les avoir compris.

Une poésie latine, probablement peu antérieure à ces années, nous donne un petit tableau de la vie de Scève au milieu de la société lyonnaise. C'est le *Roi de la Basoche* par *Philibert Girinet,*[2]

[1] Dans son jardin Vénus se reposoit
Avec Amour, sa tendre nourriture,
Lequel je vi, lorsqu'il se déduisoit,
Et l'apperceu semblable à ma figure.
   Car il estoit de tresbasse stature,
Moi trespetit, luy pasle, moi transy.
Puisque pareils nous sommes donc ainsi
Pourquoy ne suis second Dieu d'amytié?
   Las, je n'ai pas l'arc ni les traits aussi
Pour esmouvoir ma Maistresse à pitié.   (*Delie,* dizain 74.)

[2] *Philiberti Girineti de Petri Gauteri in pragmaticorum lugdunensium principem electione.* Imprimé dans *Bucolicorum autores XXXVIII...* par Oporin, Bâle 1546. p. 738—747. — Le *P. Colonia* qui ignorait l'existence des *Bucolicorum autores* (livre extraordinairement rare) a découvert le manuscrit de ce poème. Le même manuscrit fut édité par *M. Breghot du Lut: Le Roi de la Basoche, poème latin inédit de Ph. Girinet, traduit en français avec des notes.* Lyon. Ant. Périsse 1838. (Le P. Colonia en avait déjà publié des fragments dans son *Histoire littéraire de Lyon.* 1730.) Girinet est un des poètes les moins connus du cercle des Bourbon, des Visagier, des Ducher etc. Nous le trouvons plus tard chevalier de l'église de Lyon et trésorier de l'église de Saint-Etienne. Il était l'oncle et le bienfaiteur de l'historien Papire Masson. — *Bonaventure Despériers* nous a laissé une description brillante, d'un charme et d'une fraîcheur rares, de la même fête, mais probablement d'une autre

description d'une fête bruyante et populaire des basochiens de la
ville assemblés pour élire un roi. Le lendemain tous se rendent
à l'Ile Barbe où ils vont jouir d'une belle journée de printemps.
En retournant en ville, on fait une halte à mi-chemin dans une
maison de campagne. Un dîner frugal réunit là les basochiens
avec les bourgeois les plus renommés de Lyon, leurs femmes et
leurs filles, et comme la faim commence à s'apaiser, on se livre à
de gais entretiens:

> Est epulis ardor postquam compressus edendi,
> Incipiunt animos fando exhilarare, capaces
> Craterasque mero plenas siccare jocoso.
> Cunctorum lepidis implet Mauritius aures
> Dictis Scæva potens blando sermone, sacerque
> Vates, sunt cuius dignissima tempora lauro
> Phœbea, Martis cantet seu dura potentis
> Arma, umbrosos seu saltus, seu florea rura,
> Seu teneres nullos quos non intelligit ignes.
> Exiguum illius, non armis utile, corpus
> In genio natura parens pensavit et arte.

La destination première des poésies de Maurice Scève n'était
donc pas d'être imprimées et lues par un public indifférent, mais
d'être récitées devant une société qui connaissait le poète et son
sujet et qui sympathisait avec lui. Voilà qui nous expliquera
beaucoup de passages et de qualités de ses vers.

Le passage cité du poème de Girinet nous prouve aussi que
les ouvrages qui se sont conservés, ne sont pas toute l'œuvre
poétique de Maurice Scève. Quand il chante „ces tendres feux
que tout le monde comprend", ce sont probablement des vers de
la *Délie*, peut-être de la *Saulsaye,* mais „l'ombre des bois et les
champs émaillés de fleurs" ont-ils servi seulement de cadre ou
de métaphore à ses idées amoureuses? le texte de Girinet semble
indiquer des poésies qui parlent directement de la nature. „Les
puissants exploits de Mars" enfin ne sont chantés dans aucun
ouvrage de Sçève dont nous ayons connaissance.

Girinet dit que Scève chantait. Faut-il prendre ce mot à la
lettre ou est-ce une métaphore? En tous cas, le divertissement
principal de cette société joyeuse est, après la poésie, la musique.

> Vocales alii pulsabant pectine nervos;
> Assa alii modulos concordes voce canebant.
> Parte alia numeros diffundit tibia dulces
> Buxea: non pauci genialia nabla frequentant.

année (1539): *Le Voyage de Lyon à nostre Dame de l'Isle.* Recueil des Œuvres 1544,
p. 52—68. Le nom de Scève ne s'y trouve point. (cf. un article de *M. Felix Desvernay* dans *Lyon-Revue,* tome 6, juin 1884. p. 319, ff.)

Tous les Lyonnais de ce temps qui ont exercé une influence
sur la littérature, ont été musiciens. Eustorg de Beaulieu a donné
des leçons de chant aux enfants des premières familles; Pernette
du Guillet et Louise Labé ont la renommée de jouer des instruments de musique les plus divers. Maurice Scève a exhorté Clément Marot, déjà en 1536, à exercer sa voix par le chant; le
Microcosme et un passage du *Solitaire second*[1] de Pontus de Tyard
nous montrent l'auteur de la *Délie* très fort en théorie musicale.
Il a l'âme très sensible aux harmonies de la musique, et il sait
exprimer sur le luth tout ce qui excite et apaise son cœur.

> Leuth resonnant et le doux son des cordes
> Et le concent de mon affection,
> Comment ensemble unyment tu accordes
> Ton harmonie avec ma passion.
>   Lorsque je suis sans occupation
> Si vivement l'esprit tu m'exercites.
> Qu'ores à joye, ore a dueil tu m'incites
> Par tes accords, non aux miens ressemblants.
>   Car plus que moy mes maux tu lui récites,
> Correspondant à mes soupirs tremblants.[2]

Cet amour de la musique n'est pas resté sans influence sur
la poésie de Scève. Après les temps de la prose rimée de Marot,
il est le premier qui donne à ses vers un rythme soigné et une
cadence mélodieuse qui partent d'une façon toute naturelle de
son âme musicale.

* * *

La civilisation française avait fait des progrès prodigieux de
1540 à 1550. La Renaissance avait changé toutes les conditions
de la vie et était entrée dans les âmes de la noblesse et même
des bourgeois.

Dans sa première période, la Renaissance française n'avait
existé que dans les têtes de quelques savants éclairés qui s'étaient
adonnés à l'étude des auteurs de l'antiquité et des humanistes
italiens, mais ces érudits avaient gardé leur acquisition pour eux
et rien de la nouvelle conception de la vie n'était entré dans
l'esprit des laïques.

---

[1] *Solitaire Second*, ou Prose de Musique. Lyon. J. de Tournes 1555. — p. 25—28.
(Il s'agit d'une nouvelle notation de la musique.) *Il me semble qu'avec peu de labeur,
de quelqu'un qui par venerable autorité et accomplissement des parties requises par
Platon en l'inventeur et correcteur de langages, tireroit les François à son opinion,
nous pourrions être enrichis de ce que nous défaut en cet endroit à l'imitation des anciens: desquels vous ne trouverez hors de propos que j'ajoute une autre mode de
marques laquelle j'ay recueilli d'un fort vieux exemplaire venu en mes mains par
la grace de mon extrèmement aymé ami, mais non jamais asses honoré de moi,
Maurice Scève.*

[2] *Délie,* dizain 344.

La noblesse et les bourgeois des grandes villes s'étaient émancipés du moyen-âge par un autre chemin. Les nobles apprirent
à connaitre l'art italien et la beauté de la nouvelle vie dans leurs
campagnes d'Italie; quant aux bourgeois, le commerce même leur
apporta d'Outre-Mont une foule d'objets d'art qui leur donnèrent
le goût de *la mode ytalienne* dans les formes du costume, de
l'architecture et des objets d'usage et les rendirent curieux des
idées italiennes. On allait s'intéresser aussi à la littérature du
pays dont on reconnaissait la supériorité artistique; de cette façon
le public français s'apprêtait à recevoir la semence de ses propres
érudits, en réunissant ainsi en un seul les deux courants qui
avaient amené la Renaissance en France; la transformation totale
de la civilisation française commençait.

Le centre de vulgarisation de la littérature italienne et de
la Renaissance était Lyon, et la typographie était le moyen de
la faire rayonner par toute la France. Le nombre des livres
italiens publiés par les imprimeurs lyonnais est assez considérable;
les diverses éditions de Pétrarque en particulier transformèrent
le goût de la poésie lyrique. Mais la presse lyonnaise produisit
aussi des livres français qui allaient réveiller l'esprit de liberté
et de critique: par exemple les nombreuses traductions d'auteurs
antiques, et puis les livres pantagruéliques de Rabelais.

Il va sans dire que la littérature telle que l'avaient conçue
Marot et ses élèves ne pouvait plus suffire aux besoins esthétiques.
Aussi constatons-nous un progrès considérable dans les lettres
françaises depuis l'an 1540 environ; c'est l'époque de la controverse sur la nature de l'amour (entamée par Héroët), de la *Délie*,
des *Rymes* de Pernette du Guillet, des *Marguerites de la Marguerite
des Princesses,* des *Œuvres poétiques* de Jacques Peletier du Mans
et d'autres ouvrages encore qui montrent la tendance à s'éloigner
de la vieille poésie gauloise cultivée par les „marotiques“,

Il existait déjà à ce moment des gens qui rêvaient une révolution littéraire plus rapide. C'étaient les trois élèves de Jean
Dorat qui travaillaient depuis 1544 — la date de la publication
de la *Délie* — avec leur maître au collège Coqueret pour se préparer à cette grande tâche. On sait aussi quelle fut l'étincelle
qui mit le feu dans les esprits prêts à s'engager dans la bataille.

Dans les derniers mois de 1548, *Thomas Sibilet,* avocat au
parlement de Paris, publia son *Art poétique français,* œuvre qui
n'était pas ennemic du progrès (puisqu'elle se ralliait aux doctrines
platoniciennes de la vertu comme motrice des arts et sciences et
de la fureur poétique) mais qui n'entendait pourtant pas abandonner les productions de la vieille muse gauloise. Sibilet va
jusqu'à recommander encore les rhétoriqueurs, Alain Chartier,

Jean de Meung et Jean Lemaire des Belges; et les rondeaux, ballades, virelais, chants royaux *et autres épiceries* lui paraissaient des formes qu'on ne devait jamais cesser de cultiver. Il a beaucoup d'admiration pour la poésie de Scève qu'il défend contre des critiques malveillants, tout en reconnaissant son obscurité et d'autres duretés.[1] Il ne le nomme pas parmi les poètes qui se distinguent par la douceur de leur style, comme Marot et Saint-Gelais.

Les poètes du collège Coqueret, pris d'une sainte colère, répondirent au plaidoyer de Sibilet: *Joachim du Bellay* publia au mois de mars ou d'avril 1549 la *Deffence et Illustration de la Langue française* qui devint le manifeste de la nouvelle école. L'objet de mon travail ne saurait être d'analyser les idées de cet ouvrage; d'autres l'ont déjà fait, et d'une manière excellente.[2] Mais nous montrerons plus tard que la plupart de ses principes n'avaient rien de nouveau pour Maurice Scève, puisqu'il les avait déjà mis en œuvre dans la *Délie* et surtout dans la *Saulsaye.* Scève avait, tout comme les poètes de la Pléiade, cette conception sérieuse et haute de la poésie, qui renonce à tout artifice mesquin et souhaite un art sincère et laborieux, en détestant le goût banal du grand public. Il s'était toujours rallié à la doctrine de l'imitation originale recommandée aussi dans la *Défense;* il n'avait jamais fait de traductions. Un des premiers en France, il avait employé le sonnet, déjà en 1547.

On ne peut méconnaître la grande estime que Joachim du Bellay porte au chef de l'école lyonnaise. C'est presque le seul poète de son temps qui ne soit pas en butte à ses invectives et à ses railleries. Marot, Saint-Gelais et Héroët sont blâmés directement, avec mention de leurs noms, sans parler des poètes de moindre importance comme les „Espérants", les „Bannis de liesse", les „Esclaves infortunés", les „Traverseurs", qui ont excité par leur médiocrité la haine implacable de l'auteur de la *Défense.* Il est vrai qu'il n'épargne pas Scève dans sa critique. Nous sommes parfaitement de l'avis de M. Chamard[3] qui croit que

[1] *Car l'envie, toujours compagnie de vertu, gardera jusqu'au bout sa méchante nature qui est de trouver neud au jonc et à redire en ce qu'est bien et ingénieusement inventé comme elle a naguères fait en la Délie de Scève, poème d'autant riche invention qui pour le jour d'hui se lise, en laquelle fait tous les jours impression de ses agües dents de chien et trouve à reprendre en ses tant doctes épigrammes la rudesse de beaucoup de mots nouveaux sans lesquelles (sic) toutesfois l'énergie des choses contenues celée et moins exprimée en fait ignorer bonne part de la conception de l'auteur laquelle avec tout cela demeure encores malaisée à en estre extraite.* — Sibilet, Art poétique. Paris, Corrozet 1548. p. 23.

[2] *Chamard,* Henri. Joachim du Bellay. 1522—1560. Thèse de Paris. Lille 1900. — *Joachim du Bellay.* Œuvres complètes. Avec commentaire historique et critique par *Léon Séché.* Paris 1903. — *Revue de la Renaissance.* passim.

[3] Revue d'hist. litt. II. p. 408 et IV. p. 239.

l'auteur de la *Délie* est visé par les mots du chapitre sur les poètes français : *Quelque autre voulant trop s'éloigner du vulgaire, est tombé en obscurité aussi difficile à éclaircir en ses escritz aux plus savants comme aux plus ignares.* Mais il ne faut pas oublier que *s'éloigner du vulgaire* est un des principes les plus chers à Du Bellay, et que cette critique est la plus bienveillante de celles qui s'adressent *aux meilleurs poètes* dans l'opinion des contemporains : Marot, Héroët, Saint-Gelais et Scève.

Pour connaître à fond l'opinion de Du Bellay sur le chef de l'école lyonnaise, il nous faut examiner encore ses autres publications de la même année. L'*Olive*, destinée à servir de modèle à la lyrique future, en est la principale. Il est incontestable que la *Délie* a exercé une influence capitale sur cet ouvrage qui est le deuxième *canzoniere* français au sens pétrarquesque. Comme la *Délie*, c'est un recueil de poésies composées d'après un moule unique, (chez Scève des dizains, chez Du Bellay des sonnets), adressées à la même dame dont le nom sert de titre au livre, et les idées contenues dans ces vers sont aussi pétrarquisantes que leur forme. Ce n'est pas ici le lieu de nous occuper des ressemblances de détail dont nous parlerons plus tard; mais il faut bien tenir compte de quelques passages qui font allusion à Scève.

N'est-ce pas Maurice Scève qui est visé par les vers suivants :

> Encore dira que la Touvre et la Seine
> Avec la Sône arriveront à peine
> A la moitié d'un si divin ouvrage.
> Ne cestuy-là qui n'aguère a fait lire
> En lettres d'or gravé sur son rivage
> Le vieil honneur de l'une et l'autre lyre *(Olive,* S. LXIII)

Mais j'avoue que l'allusion n'est pas très claire et que l'attribution n'est point sûre. Un autre sonnet adressé directement à Maurice Scève chante sa gloire en termes emphatiques. Il y est clairement désigné comme le chef des poètes lyonnais, et les auteurs de la Pléiade ne semblent pas lui accorder moins de sympathie et d'autorité qu'à l'un des leurs.

> Esprit divin que la trouppe honorée
> Du double mont admire en t'escoutant
> Cygne nouveau qui voles en chantant
> Du chaud rivage au froid hyperborée :
> Si de ton bruit ma lyre enamourée
> Ta gloire encore ne va point racontant,
> J'aime, j'admire et adore pourtant
> Le haut voler de ta plume dorée.

> L'Arne superbe adore sur sa rive
>> Du sainct laurier la branche toujours vive
>> Et ta Délie enfle la Sône lente.
> Mon Loyre aussi, demi-Dieu par mes vers
>> Bruslé d'amour estend les bras ouvers
>> Au tige heureux qu'à ses rives je plante. *(Olive* s. CV.)

De même dans la *Musagnœomachie,* Scève n'est pas oublié parmi les esprits que Du Bellay invoque pour combattre l'igno·rance :

> Carle, Héroët, Sainct-Gelais
> Les trois favoris des Graces,
> L'utile doux Rabelais
> Et toy, Bouju, qui embrasses
> Suivant les royales traces,
> L'heur, la faveur et le nom
> De Pallas et de Junon,
> *Scève dont la gloire noue*
> *Dans la Sône qui le loue*
> *Docte aux doctes esclairci,*
> Salel que la France advoue
> L'autre gloire de Querci . . .

Cette sympathie de Du Bellay pour Scève et l'école lyon·naise fait qu'on a tort d'insister si souvent sur l'origine lyonnaise du *Quintil Horatian,* en disant que cette protestation contre les doctrines de la *Défense* représente les idées de la plupart des poètes qui se groupaient à cette époque autour de Maurice Scève. Ces hommes-là ne formaient point une école littéraire au sens moderne du mot; quelques-uns seulement peuvent être appelés des élèves de l'auteur de la *Délie,* mais justement Barthélemy Aneau, l'auteur du *Quintil Horatian,* et Charles Fontaine qui, par soif de vengeance, l'avait recommandé dans un quatrain agressif,[1] n'avaient pas les mêmes tendances que Scève. Le premier était un de ces vieux pédants qui sont fiers d'une science douloureuse·ment acquise pendant de longues années et qui n'entendent rien sacrifier de ce trésor. Tout ce qu'il y a de nouveau leur paraît suspect, et toute nouveauté opposée à leurs idées bien établies leur semble un crime. — Charles Fontaine se classe parmi ces pauvres diables qui font de la poésie un métier et qui vivent des aumônes et des pourboires avec lesquels on paye leurs vers. Changer de méthode était pour lui une question d'existence plutôt

---

[1] Jamais si tost ne t'aura
Claire eau de ma fontaine vive,
Que legier feu estainct sera
De l'huyle obscure de ton olive.

que d'esthétique; il préféra s'en tenir à l'art poétique de Marot qui avait suffi à lui donner son pain. Ce n'était pourtant pas du tout un homme ignorant ou de mauvais caractère, et ses idées n'étaient pas toujours rétrogrades; il savait faire des vers latins; dans le différend entre Marot et Sagon, il avait fait son possible pour défendre son maître absent, et il avait été le premier à secourir Héroët dans la controverse sur la nature de l'amour.

Mais, nous le répétons, il n'y a rien de plus faux que de regarder le *Quintil Horatian* comme un manifeste des poètes lyonnais contre Du Bellay. Les idées de ce livre ne sont pas du tout celles de Scève et de ses amis. Aneau se fait le défenseur du *rondeau,* du *virelai,* de la *ballade* et du *chant royal,* et pourtant qui saurait trouver dans les œuvres de Scève, de Pernette du Guillet, de Dolet, de Matthieu de Vauzelles, de Taillemont une de ces formes que Du Bellay appelle dédaigneusement des „épiceries"? Le sonnet, méprisé par le régent de l'Ecole de la Trinité, est l'unique forme employée par Scève pour ses effusions lyriques depuis les *Marguerites* de 1547. Aneau n'admet pas non plus l'églogue, et diffère en cela du poète de la *Saulsaye.*

Passons à la différence de fond, sans nous arrêter trop à ces questions de détail. La haine sourde de l'auteur du *Quintil Horatian* contre l'Italie, qu'on entrevoit à tout moment à travers ses observations critiques, ne peut pas être sortie de la société vraiment lyonnaise dont la tendance était précisément l'italianisme. N'oublions pas que Barthélemy Aneau a toujours adhéré, dans le fond de son âme, aux idées de la Réforme, sans pourtant les confesser publiquement, et qu'il est mort en martyr de sa confession. Cette haine de l'Italie, comme celle de Robert Estienne,[1] s'explique donc par l'indignation du huguenot contre Rome et la morale de la Renaissance, contre *la corruption italique,* comme la nomme Estienne. A Lyon, les calvinistes — non pas les évangéliques à la façon de Rabelais et des poètes latins de la ville — ont sans cesse protesté contre toutes les influences de l'italianisme qui régnait dans la société cultivée. Aneau ne se montre nulle part admirateur d'un des poètes lyonnais cités plus haut — ses modèles restent les Molinet, les Crétin et les Meschinot —, et si le *Quintil Horatian* est une protestation contre la *Deffence et Illustration* de Joachim du Bellay, il l'est aussi contre Maurice Scève et le groupe d'auteurs qui l'ont reconnu comme maître.

Il y a encore une autre critique de la *Défense* qui semble être sortie de la société littéraire de Lyon. L'auteur en est le poète *Guillaume des Autels,* natif de Montcénis en Bourgogne, âgé

---

[1] cf. la *Précellence du langage français.* 1579.

alors de vingt-deux ans, et qui s'est montré dans tous ses ouvrages poétiques grand admirateur de Maurice Scève. Je ne doute pas qu'ils ne se soient connus personnellement. Des Autels était le cousin de Pontus de Tyard qui habitait Mâcon à ce moment. On sait que les promoteurs de la Renaissance dans cette ville se réunissaient souvent à ceux de Lyon; les agréments d'une navigation sur la Saône les y invitaient, et le futur évêque de Châlons-sur-Saône était l'ami de Maurice Scève et de Louise Labé.[1] Des Autels était sûrement de la compagnie; la publication de ses ouvrages devait le conduire souvent à Lyon. Je ne peux pas juger de son premier ouvrage le *Moys de May*[2] que je n'ai pas vu; son *Repos de plus grand travail* de 1550 contient deux pièces adressées à Maurice Scève.[3] Elles sont parfaitement conformes à l'esprit et à la forme de ses autres vers qui, à cette époque, ne sont souvent qu'une imitation assez servile de la *Délie*.

Des Autels publie encore dans la même année 1550[4] *la Réplique aux furieuses défenses de Louis Meigret (avec la suite du Repos de l'auteur)*. Comme ce livre était aussi une apologie de la langue française *qui commence à laisser ses plumes folles et devenir drue pour s'envoler par l'Univers avecques la Grecque et Latine,* l'auteur ne pouvait pas passer sous silence la *Deffence et Illustration* de Du Bellay. Il ne cache nullement sa sympathie pour cet ouvrage dont il partage la plupart des idées,

---

[1] *Abel Jeandet.* Pontus de Tyard. Paris, Aubry 1860. — *Etienne Tabouret,* un autre Mâconnais, cite dans ses *Bigarrures et Touches* (Paris 1582) un rébus par chiffres, inventé, à ce qu'il dit, par M. Scève. Il est trop indécent pour être rapporté ici.

[2] Sans lieu ni date. Brunet admet Lyon, Ollivier Arnoullet 1544. La date est peu probable, puisque Des Autels n'avait que 16 ans à cette époque.

[3] *A M. Scève.*
Le mesme Dieu qui te blessa
Et naistre en toy fait haulte invention,
De mesme trait mon ame transperça;
Pour ce je chante à mesme intention.
Le danger mesme à mon affection
Est qui rendit la tienne tant confuse:
Et la loy mesme avecques toy j'accuse
Qui de monstrer deffend si bien qu'on m'aime:
Mais je n'ai pas mesme art, ny mesme Muse
Pour déclarer mon feu ardent de mesme.

A M. Scève.
Du beau Phébus la clarté admirable
Nous rend ça-bas alègres et joyeux,
Quand la beauté de sa face amiable
Ouvertement se descouvre à nos yeux:
Mais lors qu'il est seulement veu des Cieux
A nous caché par les obscures nues,
Nous est-il pas d'autant moins gracieux
Que ses vertus nous sont plus incongnues?

[4] L'épître liminaire est datée du 20 août 1550.

depuis *l'érudite hardiesse d'avoir osé plus que nos majeurs* jusqu'au souverain mépris des *triviaux et vulgaires translateurs*. Mais sa critique porte sur deux points essentiels, et je crois que les poètes lyonnais, y compris Maurice Scève, ont exercé une certaine influence sur son opinion. Des Autels veut bien le progrès, mais sans commettre envers les poètes de la vieille école l'ingratitude de les *décrier comme la faulsse monnaye*. C'est que les Lyonnais ont mieux connu ces auteurs; leurs salons ont été fréquentés par Clément Marot et Mellin de Saint-Gelais, et les poètes de la cour de Marguerite de Navarre ont été souvent les hôtes de la ville riche et éclairée où ils sont allés publier leurs ouvrages. Les Lyonnais seuls ont su que tous ces auteurs n'ont pas été aussi ignorants que leurs vers légers ne le font soupçonner. Comment auraient-ils pu consentir à la proscription de plusieurs poètes fameux qui avaient été leurs concitoyens? Aussi les formes que ces versificateurs marotiques ont employées, ne sont-elles pas toutes à mépriser; en quoi une *superstitieuse sextine italienne* vaudrait-elle mieux qu'une *élabourée ballade françoise?*

La critique la plus juste et la plus importante de Des Autels est dirigée contre la théorie de l'imitation. Il ne veut point d'une littérature composée d'éléments qui ne se distinguent d'une traduction que par leur manque d'exactitude. Sans doute, dans l'avenir auquel il songe, le poète étudiera avec soin les œuvres de l'antiquité grecque et latine et de l'Italie moderne pour chercher *en quoy gist l'artifice et la grâce d'un bon auteur,* et il s'en inspirera, sans pourtant les imiter de près. Il se réservera le droit, il s'imposera même le devoir d'inventer lui-même ses sujets. *Qui l'empêchera de faire sortir de la France chose que ny l'arrogante Grèce, ny la curieuse Romme, ny la studieuse Italie n'avoient encores veue? De qui ont esté imitateurs les Grecs?*

Voilà de nouveau des idées qui répondent singulièrement aux principes qui ont dirigé la composition des ouvrages de Scève et de ses contemporains lyonnais. Nous avons cherché en vain à établir pour la *Délie* une liste des sources telle que M. Vianey l'a dressée pour l'*Olive*. J'ai trouvé beaucoup de ressemblances de détail et un fonds d'idées qui ne diffère pas essentiellement de celui de Pétrarque, mais je n'ai pu constater nulle part un dizain qui soit un essai de traduction d'un sonnet italien. Mêmes recherches inutiles pour la *Saulsaye* et pour le *Microcosme*, pour le *Débat de Folie et d'Amour* de Louise Labé et les *Discours des Champs faëz* de Claude de Taillemont; les Lyonnais, semble-t-il, ont une forte tendance à être originaux. L'italianisme règne dans l'âme de ces auteurs depuis leur jeunesse avec une telle puissance qu'ils trouveraient puéril de traduire une œuvre de la littérature italienne en se bornant à y ajouter quelques détails personnels. Il y avait donc là une différence de principe entre la brigade du Collège de Coqueret et les poètes lyonnais dont Guillaume des Autels s'était fait le porte-voix.

Malgré cette différence, nous le répétons, la critique de l'adversaire de Meigret contre la *Défense* n'était point hostile et nous voyons, dans ses œuvres, qu'il suivit plus tard l'étendard de la Pléïade, et qu'il échangea des odes et des sonnets très amicaux avec Ronsard; leurs relations furent telles que, si l'on pouvait ajouter d'autres étoiles à la Pléïade, Guillaume des Autels en serait peut-être la huitième; place que Olivier du Magny et Amadis Jamin pourraient seuls lui disputer.

Nous avons déjà mentionné le cousin de Des Autels, *Pontus de Tyard,* le futur évêque de Châlons-sur-Saône, qui était depuis longtemps en relations suivies avec les cercles lyonnais. Il avait composé des sonnets français avant qu'ils fussent recommandés par la *Deffence et Illustration* et sans connaître les modèles de l'*Olive.* Peu de mois après ces publications de Du Bellay, Pontus de Tyard réunit ses sonnets sous le titre d'*Erreurs amoureuses,* et il tenait si fort à sa priorité qu'il alla jusqu'à commettre une supercherie pour la mettre hors de doute.[1]

Aucun poète français ne mérite le nom de pétrarquiste avec plus de raison que Pontus. Il a appliqué à la poésie lyrique les mètres, les procédés et les théories artistiques du pétrarquisme italien, et ne se rattache à l'école de Ronsard que depuis le troisième livre de ses *Erreurs amoureuses.* Il a entremêlé ses sonnets de *dizains* qui correspondent aux *madrigaux* de son modèle, et de *chants* qui représentent les *canzoni.* Pourtant le faire laborieux de ses vers, les ombres mystiques où ils laissent notre âme, et l'amour platonique pour une femme qui a abandonné le chemin de l'ignorance, ainsi que beaucoup de ressemblances dans les *concetti* et dans le langage, nous amènent encore à un autre modèle: à Maurice Scève. C'est à lui qu'il adresse, comme à un maître, le premier sonnet du premier livre des *Erreurs amoureuses.*

> Si en toi luit le flambeau gracieux,
>> Flambeau d'amour qui tout gent cœur allume,
>> Comme il faisoit lors qu'à ta docte plume
>> Tu fis hausser le vol jusques aux cieux,

---

[1] cf. *Chamard,* Du Bellay p. 171. — *Marty-Lavaux.* Œuvres de Pontus de Tyard. — *Jeandet* op. cit. — *Brunetière.* Revue des deux mondes. 15 déc. 1900. p. 908. — *Flamini.* Le rôle de P. d. T. dans le pétrarquisme français. **Revue de la Renaissance 1902.** p. 43.

Donne, sans plus, une heure à tes deux yeux
   Pour voir l'ardeur qui me brûle et consume
   En ses Erreurs, qu'Amour sur son enclume
   Me fait forger, de travail ocieux.

Tu y pourras reconnaître la flame
   Qui enflama si hautement mon âme
   Mais non les traits de ta divine veine.

Aussi je prends le blâme en pacience
   Prest d'endurer honteuse pénitence
   Pour les erreurs de ma jeunesse vaine.

Un autre sonnet du même livre mentionne encore le „grave"
Scève comme première autorité en matière de poésie, en l'oppo-
sant pour le style au „doux" Saint-Gelais; Pontus n'est donc pas
en tout point de l'avis de Du Bellay qui, dans la *Deffence,* a
décoché plus d'un trait contre ce poète de l'ancienne école.

Il ne faut point au Flaman reprocher
   Et le juger moins subtil en peinture,
   Si de tirer en ceste portraiture
   Les beaux traits d'elle il ne peut approcher.

On ne me doit au rang aussi coucher
   Des ignorants, et taxer pour injure,
   Si je ne puis par diverse écriture
   Suffisamment sa louenge toucher.

Car au parfait de sa grand beauté peindre
   Ne pourroient pas les deux pinceaux atteindre
   L'un de Zeuxis, et l'autre d'Appelles,

Ni à louer ceste âme toute gentille
   Seroit bastant et l'un et l'autre stile
   Du grave Scève et du doux Saint-Gelais.

Le second livre des *Erreurs amoureuses* qui suivit le premier en 1550, commence aussi par un sonnet, qui chante les trois
poètes alors les plus chers à Pontus de Tyard — Scève, des
Autels et du Bellay —, et nomme de nouveau en premier lieu le
chef de l'école lyonnaise.

Je n'attend point que mon nom l'on escrive
   Au rang de ceux qui ont des rameaux vers
   Du blond Phebus les savants fronts couvers
   Hors du danger de l'oublieuse rive.

Scève parmi les doctes bouches vive,
   Reste Romans honoré par les vers
   De des Autels, et chante l'univers
   Le riche loz de l'immortelle Olive.

> Vueille Appollon du double mont descendre
> Pour rendre grace à cest autre Terpendre
> Qui renouvelle et l'une et l'autre lyre.
> Mais quoy, sçais-tu à quoy, Dame, j'aspire?
> C'est sous espoir de piteuse te rendre
> Que seulement mes vers tu daignes lire.

Quant à Ronsard, que nous nommons en dernier lieu pour des raisons de chronologie, il savait, aussi bien que Du Bellay, apprécier les mérites de Maurice Scève. Son biographe Binet nous a transmis la liste des poètes français que le chef de la Pléïade regardait comme ses précurseurs. *Les premiers poètes qu'il a estimé avoir commencé à bien escrire ont esté Maurice Scève, Hugues Salel, Anthoine Héroët, Mellin de Saint-Gelais, Jacques Peletier et Guillaume des Autels.*[1] Et dans un passage de la préface de ses *Odes,* Ronsard dit également: *La langue françoise* (était) *avant nous foible et languissante — j'excepte toujours Héroët, Scève et Saint-Gelais.*

Voici donc la position de Maurice Scève pendant la révolution littéraire entamée par la *Deffence et Illustration:* Critiqué avec bienveillance par Du Bellay et honoré par les vers de l'*Olive,* il est reconnu par Ronsard comme précurseur et comme modèle, en particulier pour la vigueur du langage. Un autre groupe de poètes place le chef de l'école lyonnaise dans un jour encore plus favorable. Ce sont les méridionaux, Pontus de Tyard et Guillaume des Autels, qui vivent dans les environs de Lyon et dans l'intimité de Maurice Scève. Jeandet nous décrit les réunions qui avaient lieu chez Pontus de Tyard, dans son château de Bissy.[2] *Parmi les habitués de cette société d'élite où la gravité des plus hautes études était tempérée par la culture des arts d'agrément, on remarquait le savant poète lyonnais Maurice Scève, „l'ami extrêmement aimé, mais non jamais assez honoré" de Pontus, son cousin Guillaume des Autels „diligent amateur de toutes disciplines", le poète latin Salomon Clerguet de Châlon . . . Philippe Robert qui y lisait des fragments de sa traduction d'Isée et de Démosthène.* Jacques Peletier du Mans était souvent de la compagnie; il aimait surtout à parler mathématiques et astronomie.[3] Pour les poètes de ces réunions, le chantre de la *Délie* est le maître incontestable, et ils donneront dans leurs œuvres plus d'un témoignage de ce jugement.

En 1553 Guillaume des Autels publie un nouveau recueil de sonnets, d'inspiration toute platonique, sous le titre *Amoureux*

---

[1] Texte de 1587 et 1597. Dans l'édition princeps de 1586, la liste se réduit à M. Scève, H. Salel et J. Peletier. (Note de Chamard op. cit. p. 76.)

[2] op. cit. p. 94.

[3] *Marty-Laveaux.* Notice sur Pontus de Tyard. p. XX—XXI.

repos; la préface, „*à sa Sainte*" en est pour nous la partie la plus remarquable.

Des Autels est un des meilleurs critiques du siècle — un peu batailleur de sa nature, il est vrai, — mais les idées qu'il expose prouvent de nouveau la rare intelligence qu'on a remarquée dans sa *Réplique* à Louis Meigret. Cette fois encore il ne résiste pas à la tentation de nous dire son opinion sur le développement de la poésie française. *Notre France, dit-il, pour la plus grand part, a eu toujours les yeux sillés au jugement de la poésie. Il n'y a que quatre ou cinq ans au plus que l'on estimoit la souveraine vertu des paroles françoises, non moins en vers qu'en prose, estre la propriété — opinion tant dommageable qu'elle nous bannit de la plus féconde partie de l'élégance, et contrainct nos rimes de se trainer toujours comme des serpents sus la terre. Donc nous sommes bien tenuz à la Délie, laquelle (combien qu'elle ait quelques ans demeuré sans crédit sus le vulgaire) a enhardy tant de bons esprits à nous purger de telle peste. Mais (comme la vertu au milieu des vices) je désirerais la fin d'un autre avis contraire et plus pernicieux, que je voy pulluler entre ce peuple, voyre s'enraciner au cerveau de ceux qui se meslent d'aristarquiser : c'est de n'estimer rien bon et digne d'un poète, qui soit propre, et vouloir partout avoir de tropes, voyre des ainigmes etc.*

Nous avons déjà parlé plus haut de l'admiration que Pontus de Tyard professe à l'égard de Maurice Scève dans ses œuvres en prose, surtout dans le *Solitaire second,* qui traite de la fureur poétique et qui, tout en imitant les dialogues de Platon, résume les doctrines poétiques de la Pléïade et de ce groupe de poètes méridionaux dont les noms principaux sont Maurice Scève, Jacques Peletier, Pontus de Tyard et Guillaume des Autels. Malgré la grande importance de ce dialogue, il est resté jusqu'à aujourd'hui presque inconnu.[1]

L'occasion de faire la connaissance personnelle de Joachim du Bellay s'offrit, bientôt après ces évènements, à Maurice Scève, à des Autels et à Pontus de Tyard. Au mois de mai 1553, l'auteur de la *Deffence et Illustration de la langue française* partit pour Rome à la suite de son célèbre parent, le cardinal Jean du Bellay. En passant par Lyon, ils y firent un sèjour dont nous ne connaissons pas la durée, mais on ne peut douter que le poète de l'*Olive* n'ait recherché à cette occasion l'amitié de Maurice Scève. Un sonnet des *Regrets,* composé très probablement pendant ce séjour, nous prouve que l'admiration de Du Bellay pour le chantre de la *Délie* et pour son œuvre n'avait point diminué dans un commerce plus intime.

---

[1] *F. Brunetière,* Revue des deux mondes. 15 déc. 1900. p. 909.

> Gentil esprit, ornement de la France,
>> Qui d'Apollon saintement inspiré
>> T'es le premier du peuple retiré
>> Loing du chemin tracé par l'ignorance,
> Scève divin, dont l'heureuse naissance
>> N'a moins encor son Rosne décoré
>> Que du Thuscan le fleuve est honoré
>> Du tronc qui prend à son bord accroissance :
> Reçoy le vœu, qu'un dévot Angevin
>> Enamouré de ton esprit divin,
>> Laissant la France, à ta grandeur dédie.
> Ainsi toujours de Rosne impétueux,
>> Ainsi la Saòne au sein non fluctueux
>> Sonne toujours et Scève et sa Délie.　　(II, 143)

CHAPITRE NEUVIÈME

LES DERNIÈRES ANNÉES DE MAURICE SCÈVE.

Le chapitre précédent a dit l'influence que Maurice Scève a exercée sur le développement de la poésie lyrique en France, sans tenir compte de la littérature locale. Il va sans dire que l'ascendant de l'auteur de la *Délie* dans sa patrie est plus impérieux que partout ailleurs; les poètes lyonnais du seizième siècle ne s'abstiendront jamais d'imiter les vers de leur illustre concitoyen.

Ainsi les *Œuvres de Louise Labé*[1], qui sont sans doute le recueil de poésie lyrique le plus célèbre sorti de Lyon dans ces années, nous rappellent plutôt le style de Scève que celui des auteurs de la Pléïade. Les sonnets, surtout, contiennent souvent les mêmes images et idées que les dizains de la *Délie,* et le choix des mots et des constructions trahit également l'influence de la langue poétique de Scève. Quelques contemporains ne crurent même pas à l'authenticité du *Débat de Folie et d'Amour* et supposèrent une collaboration de la belle Cordière avec Maurice Scève.[2] En tout cas, cette œuvre est écrite dans le goût du chef de l'école lyonnaise qui aimait tant à réfléchir sur la nature de

---

[1] Lyon, Jean de Tournes 1555.
[2] *Pierre de Saint-Jullien.* Gemelles ou Pareilles. Lyon 1584.

l'amour, bien qu'il ne semblât pas être entièrement de l'avis de l'auteur. Les *Escriz de divers poètes à la louenge de Louïse Labé* contiennent un sonnet qui est une critique très obscure de ce dialogue; l'auteur en est Scève. Il tient la première place parmi les poésies françaises et n'est précédé que d'une ode grecque de Jacques Pelctier et d'une ode latine d'Antoine Fumée, le „rapporteur de chancellerie en France".

En grace du dialogue d'Amour et Folie, œuvre de D. Louïze
Labé Lionnoize.

> Amour est donc pure inclination
>> Du Ciel en nous, mais non nécessitante:
>> Ou bien vertu qui nos cœurs impuissante
>> A résister contre son accion?
> C'est donc de l'ame une alteracion
>> De vain désir légèrement naissante
>> A tout objet de l'espoir perissante
>> Comme muable à toute passion?
> Jà ne soit crû, que la douce folie
>> D'un libre amant d'ardeur libre amollie
>> Perde son miel en si amer absynthe.
> Puis que l'on voit un esprit si gentil
>> Se recouvrer de ce Chaos subtil
>> Ou de Raison la Loy se laberynte.

Ce sonnet est signé de la devise NON SI NON LA dont le sens me reste caché, mais qui se retrouve dans le *Microcosme*.

Quand on veut étudier la littérature de Lyon de cette époque, il est indispensable de parcourir les *Escriz de divers poètes*[1] dont nous venons de parler. Parmi tous ces auteurs, nous trouvons aussi les poètes les plus célèbres de Lyon.

A côté de Maurice Scève, nous y rencontrons *Matthieu de Vauzelles* dont nous ne connaissons que des vers insérés dans les recueils de ses amis. Comme l'auteur de la *Délie*, il a abandonné les formes nationales pour composer un sonnet dans lequel il compare la belle Cordière à la Méduse, sans démentir son goût pour les calembours et les anagrammes.

Claude de Taillemont[2] par contre est un ennemi du sonnet et de l'italianisme. Dans un recueil de poésie lyrique, *la Tricarite*,[3] il cherche à imiter la *Délie* de Scève. Novateur à ou-

---

[1] *A. Cartier*. Les poètes de L. Labé. Revue d'hist. litt. I p. 433.

[2] *Joseph Texte*. Claude de Taillemont. Bulletin hist. et philol. 1894. Cf. *Revue du Siècle* année 1895, p. 542.

[3] *La Tricarite, plus quelques chants, au (sic) faveur de pluzieurs damézelles par C. de Taillemont, Lyonnais.* Lyon. Michel Du Boys 1556.
> Sève at produit du Laurier bòrgóns vers
> Dont meints rameaus avant l'Arbre ont corone,
> Mès, mon advis, pòr le mieus on corone
> Séve, le premier, le père de nos vers.

trance, surtout dans les formes strophiques et dans l'orthographe
où il suit Meigret (pourtant avec certaines libertés), il est néanmoins un plat imitateur de Scève qu'il célèbre, comme sa *Délie,*
en des vers qui cherchent en vain à atteindre les grandes qualités
de leur modèle. Un autre de ses ouvrages eut plus de succès
que la *Tricarite*: les *Discours des Champs faëz*[1] sont des conversations élégantes, exaltées et précieuses comme on a dû les aimer
dans la société mondaine de Lyon. Ils ont eu quatre éditions au
cours de trente ans; ils cadraient sans doute à merveille avec
l'idéal de la France élégante dans la deuxième moitié du seizième
siècle. Malgré les principes dont nous venons de parler, Claude
de Taillemont a adressé deux sonnets à Louise Labé.

Voilà les poètes lyonnais qui ont chanté la belle Cordière.
Passons encore en revue les auteurs qui furent les hôtes de la
ville et qui devaient connaître Maurice Scève. Nous avons déjà mentionné Jacques Peletier et Antoine Fumée qui ont étalé leur connaissances philologiques pour honorer la savante courtisane. Pontus
de Tyard était aussi des habitués de son salon; il chanta ses
beautés et la douceur de son chant dans un sonnet enthousiaste.
Une épître et une ode des *Ecriz de divers poètes* se trouvent
dans les Œuvres de *Jean-Antoine de Baïf*, qui était donc un hôte
également bien vu dans la société lyonnaise.

Le poète français qui a joué le rôle le plus important dans
la vie de Louise Labé est sans aucun doute *Olivier du Magny.*[2]
N'examinons pas de près si les relations des deux poètes, les plus
passionnés de leur siècle dans leurs vers amoureux, furent réelle-
ment aussi platoniques que Favre ne le prétend. Ce qui nous
importe ici, ce sont les relations entre Magny et Scève. Dans
son premier ouvrage, l'*Hymne sur la Naissance de Madame Marguerite de France* (1552), Olivier ne semble pas encore connaître
l'auteur de la *Délie;* du moins il ne le nomme pas parmi les vingt-
sept poètes qu'il exhorte à chanter avec lui l'heureux évènement
qui lui a mis la plume à la main. Mais déjà l'année suivante,
dans la première partie de ses *Amours,* il se propose de rendre

Car si leur vol prènent par l'univers
Fureurs, amours et tôte leur seqèle,
Etre ne peut que sus l'èle de cèle
Dont amplumés se sont Oêzeaus divers:
Cèle, je dis, qui de son cler revers,
Clére Délie, d'ignorance a rompue
La nue en nòs, mès par clarté reçue
De son Soleil pénétrant à travers.

[1] *Discours des champs faëz, à l'honneur et exaltation de l'Amour et des Dames,
par C. de Taillemont, Lyonnais.* A Lyon par Michel Du Boys 1553. — Paris 1571,
1585. — Lyon, Benoist Rigaud 1576.
[2] *Jules Favre.* Olivier du Magny. Thèse. Paris, 1885.

sa dame encore plus célèbre que les trois maîtresses les mieux chantées en France; il veut

Qu'à son renom n'approcheroient ces trois
Délie, Olive et Cassandre, la sage.

Par ces mots, le poète confesse son désir d'égaler dans ses poésies Scève, Du Bellay et Ronsard. Dans ses *Odes* (1559), dans lesquelles il revient souvent à ses amitiés lyonnaises, il se souvient aussi de l'auteur de la *Délie,* en lui dédiant une poésie qui a pour sujet ses amours avec Louise Labé.

Vers la même époque Scève reçut les hommages d'autres poètes qui semblent avoir fait sa connaissance personnelle. *Louis des Masures*[1], dont le nom s'est transmis jusqu'à nous grâce surtout à ses *Tragédies saintes* — la trilogie de *David* (1556) —, publia, en 1557, ses *Œuvres poétiques* chez Jean de Tournes, l'ami de Scève. Une ode de cent trente vers environ, dans laquelle il chante la vertu et l'amitié d'après la conception platonique, est adressée au chef de l'école lyonnaise.

Par une publication de la même année 1557, nous apprenons que les Lyonnais regardaient Maurice Scève, Pontus de Tyard et Guillaume des Autels comme formant un groupe de poètes unis par les mêmes tendances. Charles Fontaine, dont nous avons parlé déjà si souvent, adresse une épigramme à ces trois auteurs. Malheureusement elle ne nous offre qu'un encensement banal et nous y cherchons en vain quelque fait positif.[2]

A partir de ce moment, le nom de Scève disparaît dans les troubles des guerres civiles, et ce n'est qu'aux temps d'Etienne Pasquier qu'il sera de nouveau question de lui.

*   *
*

Dans les années de 1550 à 1560, le nombre des protestants s'était accru à Lyon d'une façon prodigieuse malgré les persé·cutions nombreuses et cruelles qui livraient beaucoup d'hérétiques

---

[1] Né en 1523 à Tournai, protégé et secrétaire du Cardinal de Lorraine, plus tard de Christine de Danemark. Vers 1558 il est à Nancy où il s'affilie aux protestants. Plus tard ministre à Metz et à Strassbourg. Mort en 1580. Il connut Ramus, Bèze, Salel, Peletier, Herberay et Marot, et fut l'ami de Rabelais. cf. *Revue de la Renaissance.* t. I p. 32.

[2] *Charles Fontaine, Parisien.* Odes, enygmes et épigrammes. — Lyon Jean Citoys 1557.

Vos clers-vifs esprits bien ouvers
Montrent vos proses et beaux vers
En notre langue maternelle:
(Mais que ne di-je paternelle?)
Beaux vers qui point ne tomberont
Ainz toujours sur leurs piez seront
Si non que la langue françoise
Tombast un jour en escossoise.   (page 95.)

D'autres vers du même auteur qui concernent M. Scève nous occuperont dans la deuxième partie de ce travail. — *É. Roy.* Charles Fontaine et ses amis. Revue d'hist. litt. t. IV p. 412.

au bûcher. A la fin, fatigués de tant de rigueurs et se sentant forts par leur nombre et leurs relations avec d'autres protestants, surtout les Suisses, ils résolurent de se défendre à main armée. Les insurrections et les combats dans les rues de jour et de nuit devinrent de plus en plus fréquents ; un jour, après une procession dérangée par les huguenots, la populace força l'entrée du Collège de la Trinité pour se saisir de Barthélemy Aneau qu'on soupçonnait être un des chefs secrets de la Réforme. *Et après lui avoir baillé plusieurs coups d'espées, hallebardes et autres bastons sur sa personne, l'auraient inhumainement tué et occis et layssé estendu au milieu de la rue, au grand scandal des petits enfants, escoliers et aultres estudiants audict collège.*[1] Une députation que le clergé envoya au roi, obtint que les coupables ne fussent pas punis, puisque le crime avait été commis contre un hérétique.[2]

Le corps consulaire — la teneur du rapport sur la mort d'Aneau que nous venons de citer l'indique déjà — était très enclin à la Réforme et avec lui beaucoup d'autres Lyonnais influents.[3] Cependant les troubles ne cessaient point, et leur résultat fut que les protestants, à l'aide des troupes du baron des Adrets, s'emparèrent de la ville le 30 avril 1562. Pourtant ils ne voulaient pas se soustraire à la souveraineté du roi, et ils prièrent le gouverneur royal de continuer ses fonctions ; rien ne devait être considéré comme changé si ce n'est la confession.

Les premiers mois de l'occupation furent signalés par toute sorte d'excès, surtout contre les églises catholiques et contre les couvents. On établit un consulat tout protestant, et tous les habitants furent forcés d'assister au sermon.

Mais cet état de choses ne dura pas longtemps. Les troupes catholiques s'avancèrent de toutes parts vers Lyon et l'assiégèrent. Après une résistance courageuse de quelques mois, la ville se rendit aux ligueurs qui réintroduisirent dans les églises les cérémonies religieuses de leur confession, sauf dans deux qui restèrent aux protestants.

Tels furent les évènements les plus importants de l'histoire lyonnaise en l'année 1562 dans laquelle Maurice Scève publia son dernier ouvrage, le *Microcosme*. Il n'est guère facile de dater ce livre d'une façon plus exacte, puisqu'il n'est pas muni d'un privilège d'impression ou d'un extrait des registres du parlement. Oserait-on conclure de cette circonstance que le livre fut publié pendant l'occupation de la ville par les protestants, où les relations avec le parlement de Bordeaux et la cour de Paris étaient

---

[1] Registres consulaires.
[2] France protestante ; article Aneau.
[3] *Moutarde*, op. cit. p. 71.

souvent interrompues? Je ne crois pas que ce soit permis; à cette époque on a imprimé beaucoup de livres sans privilège. Il faut donc nous contenter pour le *Microcosme* de la date de 1562, sans indication plus exacte.

Quant à sa composition, il est certain qu'elle est antérieure, peut-être de quelques mois, à l'occupation de Lyon. Les trois derniers vers du poème constatent qu'il a été écrit dans une période de paix générale:

> Universelle paix appaisoit l'univers
> L'an que ce Microcosme en trois livres divers
> Fut ainsi mal tracé en trois mille et trois vers.

Après le massacre de Vassy, le 15 mars 1562, il aurait été impossible d'écrire ces vers, dans cette France où les guerres civiles allaient sévir presque sans interruption jusqu'à la fin du siècle. Il faut donc admettre, pour date de la composition du *Microcosme,* au plus tard l'année 1561 et le commencement de l'année suivante.

Le *Microcosme* est un poème philosophique; le sujet en est la création de l'homme et sa marche vers la civilisation. Aussi la France du moyen-âge a connu des poèmes encyclopédiques et philosophiques; le plus célèbre du genre, le *Roman de la Rose*, est même resté en faveur jusque vers le milieu du seizième siècle, bien qu'il ne pût convenir aux esprits de la Renaissance. La connaissance de la *Divine Comédie* a donné aux Français un nouvel idéal du poème philosophique, Jean de Tournes en a publié en 1547 une magnifique édition qu'il dédia à Maurice Scève; deux autres éditions lyonnaises du même poème sont celles de Guillaume de Roville, de 1551 et de 1552.[1] L'influence de Dante sur les poésies de Marguerite de Navarre est incontestable;[2] quant à Scève, le *Promptuaire des Médailles* compare son style et son esprit à celui du grand poète florentin. L'antiquité romaine a possédé son poète philosophique en Lucrèce; Denys Lambin a préparé vers 1560 une excellente édition critique de son poème *De natura rerum,* qui, étant sortie des presses lyonnaises, a certainement occupé les humanistes de la ville. Les poèmes de Dante et de Lucrèce ont servi de modèle à Scève; non pas qu'il les ait imités, mais ils l'ont encouragé à donner à la France un poème vraiment philosophique qui remplacerait le *Roman de la Rose* dans son rôle d'encyclopédie poétique, et à composer ainsi *le long poème françois* que Du Bellay a recommandé à son poète idéal dans la *Deffence et Illustration.*

[1] *Oelsner,* Herm. Dante in Frankreich. Berliner Beiträge XVI. 1898. p. 22.
[2] *Abel Lefranc.* Les dernières poésies de M. de Navarre.

Le sonnet liminaire du *Microcosme* nous donne quelques renseignements, peu précis d'ailleurs, sur l'époque de la vie de l'auteur qui précède immédiatement la composition de cet ouvrage. Nous voyons Scève, dans ses vieux jours, voyageant en divers pays; il paraît même qu'il consacra une période assez longue à élargir ses connaissances réputées pourtant universelles, et que le but atteint ne le contentait nullement.[1] Malheureusement je ne sais rien de précis sur ces voyages qui resteront probablement un des points obscurs de la vie de Scève. Peut-être a-t-il visité l'Espagne; dans son poème, il étale des connaissances assez détaillées de ce pays qui nous permettent de le croire.

La publication du *Microcosme* est le dernier témoignage que nous ayons de la vie de Scève. Il ne paraît guère que ce livre ait eu un grand succès. Les poètes de la Pléiade ne le mentionnent jamais à ce que je sache, et les bibliographes n'en font pas grand cas;[2] seul l'auteur anonyme du *Promptuaire des Médailles,* probablement un Lyonnais, l'appelle un livre docte et rare. Dans le même article, publié en 1575, on parle pour la première fois de Maurice Scève comme d'un mort.[3]

Voilà tout ce qu'on sait des dernières années de Maurice Scève[4], et il est évident qu'on s'attendrait à en apprendre davantage. De tant de poètes qui avaient jadis prodigué des louanges excessives à l'auteur de la *Délie,* aucun n'a mentionné sa mort dans une page de ses œuvres. Les bibliographes et critiques,

---

[1] Le vain travail de voir divers païs
    Apporte estime à qui vagabond erre,
    Combien qu'il perde, à changer ciel et terre,
    Ses meilleurs jours, du temps larron trahis:
Ce temps perdu peut aux plus esbahis
    Gaigner encor son mérite et acquerre
    Son loyer deu, que mieux peuvent conquerre
    Veille et labeur, d'oisiveté haïs.
Ainsi errant dessous ce cours solaire
    Tardif, je tasche inutile à te plaire
    Ne mendiant de toy autre faveur.
Ainsi le lys jà flestri refleuronne
    Et le Figuier rejette sur l'Autonne
    Son second fruit, mais vert et sans saveur.

Les deux sonnets du Microcosme prouvent que Scève était à cette époque encore dans la pleine possession de sa force poétique.

[2] Excepté pourtant *Rigoley de Juvigny* (1772!). *Le Microcosme ou petit Monde est celui de tous les ouvrages de Scève qui lui a fait le plus d'honneur; il est en vers héroïques, partagé en trois livres. Le sujet de ce poème est l'homme; il montre dans son auteur de la philosophie et des connaissances, mais exprimées d'une manière fort obscure.*

[3] *Brief en toutes choses ce brave poète s'est monstré d'un esprit tant singulier qu'à bon droit nous le devons tenir pour admirable . . .*

[4] Dans le *Traité des lois abrogées* de Philibert de Bugnyon (Lyon, B. Molin 1563), nous trouvons encore un sonnet liminaire de M. Scève, mais qui peut bien être composé à une époque antérieure.

Duverdier, la Croix du Maine, Etienne Pasquier, les auteurs du
Promptuaire des Médailles ne nous ont rapporté ni la date, ni les
circonstances de son décès.

C'était, il est vrai, une période de troubles effroyables et de
guerres civiles continuelles où la mort d'un homme qui n'était
plus à l'apogée de sa gloire, pouvait facilement passer inaperçue.
Mais bien que Lyon fût occupé tour à tour par les huguenots et
les ligueurs qui rivalisaient de massacres — rappelons seulement
les Vêpres lyonnaises du 24 août 1572, la Saint-Barthélemy de
Lyon — on connaît les noms de presque toutes les victimes que
les armes et les épidémies ont faites à cette époque. Le nom de
Maurice Scève n'y est pas; il n'est pas non plus sur les listes
de proscription de ces années de misère politique et sociale.

Faut-il supposer qu'il aurait repris encore une fois *le vain
travail de voir divers pays,* malgré les déceptions de ses premiers
voyages? Je tends à croire que Scève s'est expatrié après la publication de son dernier ouvrage; sa mort à Lyon n'aurait pas passé
inaperçue. Les causes de son exil volontaire ont été les troubles
religieux, les persécutions cruelles contre les protestants. Nous
avons énoncé plus haut la conjecture que Scève était évangélique
comme son cousin Guillaume. Joignons à la liste de ses amis
protestants l'éditeur de la *Saulsaye* et du *Microcosme, Jean de
Tournes,* qui s'est retiré plus tard à Genève pour y mourir calviniste. Dans une liste de proscription, nous trouvons les noms
de deux membres de la famille Scève qui avaient été échevins
de la ville pendant l'occupation par les protestants.[1]

L'œuvre de Maurice Scève ne contient aucune trace de ca-
tholicisme. La *Délie,* où l'imitation de Pétrarque aurait permis
d'introduire des louanges à la Vierge (aussi bien que les dizains
politiques qu'elle contient), est parfaitement indifférente en matière
de religion, presque payenne, autant que la *Saulsaye.* Dans le
Microcosme enfin, Scève parle plus d'une fois des dogmes chrétiens, mais à ce qu'il me semble plutôt d'une façon évangélique
que catholique. La seule idée d'écrire l'épopée sublime de la
création, en se basant sur le texte de la Bible, me paraît appar-
tenir à un protestant; aussi Scève a-t-il été suivi dans cette voie
par trois calvinistes: Du Bartas, D'Aubigné et Milton.

Aucun passage de ce poème, il est vrai, ne nous prouve d'une
façon définitive que Scève ait été protestant. Il évite avec soin
toute polémique, et quand il parle du christianisme, il s'efforce
de s'appuyer sur des dogmes communs aux deux confessions;
Du Bartas le suivra dans ce procédé. Un ligueur n'aurait pas craint

[1] Matthieu et Benoît Scève. France protestante, t. I p. 555.

d'exprimer ses haines et n'aurait pas montré la même modération. Et un bon catholique n'aurait pas pu chanter la gloire de toutes les conquêtes de l'homme sur la nature sans mentionner l'Eglise romaine, de plus grande importance pour lui que l'Académie attique et les rhéteurs latins. Il n'aurait point parlé de la vie éternelle sans se souvenir de l'Eglise romaine qui garde avec jalousie toutes les portes du paradis et n'en permet l'entrée qu'aux hommes munis de ses moyens de salut.

On peut donc affirmer que le *Microcosme* est une œuvre d'inspiration plutôt évangélique que catholique, bien qu'elle ne soit pas d'un calviniste batailleur et fanatique. Une autre circonstance vient encore appuyer notre conjecture. Duverdier nous dit que Scève a traduit *quelques psaumes de David, imprimés avec ceux que Jean Poictevin a mis en français.*[1] Or ces psaumes servaient dans la deuxième moitié du seizième siècle surtout au culte des protestants, et depuis que le succès des psaumes de Marot avait été jalousé, soupçonné et poursuivi par le clergé, il n'y avait plus de catholiques qui se mélassent d'en traduire d'autres.

Tout cela me fait croire que Maurice Scève a abandonné sa ville natale; et qu'il est mort dans un exil volontaire, oublié et inconnu; abandonné surtout par les auteurs qui représentaient la littérature officielle, tous catholiques fougueux, et, par conséquent, mécontents du *Microcosme* et de son auteur.

*   *
*

La vie de Maurice Scève fut celle d'un homme indépendant, pour qui la littérature ne fut pas un gagne-pain et qui n'écrivit pas non plus pour gagner la faveur d'un prince, comme la plupart des poètes de son temps. Un des plus riches et des plus influents citoyens de sa ville, il fut fêté et choyé par une société dont il était la première autorité en matière de poésie. Il employa ses loisirs à se procurer une instruction universelle étonnante, et à exercer et à protéger les arts que les Italiens de la Renaissance avaient fait revivre. Il aima la vie tranquille et heureuse dans la jouissance de la nature et de la solitude, et détesta les querelles des littérateurs, tout en reconnaissant le progrès qui pouvait en sortir.

Voilà les faits de sa vie qu'il est indispensable de connaître si l'on veut apprécier ses œuvres poétiques.

---

[1] *Duverdier.* Bibliothèque. J'ai parcouru le recueil des psaumes publié par Jean Poictevin. Tous sont anonymes, et il m'a été impossible de trouver des critériums pour distinguer ceux de Scève.

TABLE DES MATIÈRES

CURRICULUM VITÆ.

Je suis né à Zurich, en 1877. Jusqu'à l'âge de seize ans, j'ai fréquenté les écoles de ma ville natale, puis, pendant quatre ans, l'école normale de Küsnacht. Entré à l'université de Zurich en 1897, j'y ai d'abord étudié l'histoire, mais les cours de *M. Henri Morf* m'entraînèrent bientôt à l'étude de la philologie romane. Les années pendant lesquelles j'ai travaillé comme membre ordinaire du séminaire roman sous sa direction et sous celle de *MM. Ulrich, Gauchat* et *Bovet,* ont été les plus fécondes de mes études.

Je partis en 1899 pour Florence où je suivis les cours de *MM. Pio Rajna, Mazzoni* et *Parodi.* Un séjour à Paris (1901 à 1902), m'a permis de profiter des leçons de *Gaston Paris.* Sous la direction de *M. Abel Lefranc,* je m'attaquai alors à l'étude du seizième siècle. Le présent travail doit beaucoup à son enseignement.

En 1904 je subis à Zurich les épreuves du doctorat. Qu'il me soit permis d'exprimer ici toute ma reconnaissance à *M. E. Bovet* qui m'a aidé de ses conseils pour la rédaction de cette thèse.

Albert Baur.

Imprimerie H. R Sauerländer & Co., Aarau